D1722319

Alexander Nyffenegger

Bosnien – Ein Land zwischen Korruption und Extremismus

Alexander Nyffenegger

Bosnien
Ein Land zwischen Korruption
und Extremismus

Mit einem Vorwort
von Saïda Keller-Messahli

Haag + Herchen

Umschlaggestaltung: Maria Reichenauer

Bibliografische Information der Deutschen Nationalbibliothek
Die Deutsche Nationalbibliothek verzeichnet diese Publikation in der
Deutschen Nationalbibliografie; detaillierte bibliografische Angaben
sind im Internet über http://dnb.d-nb.de abrufbar.

ISBN 978-3-89846-763-6
© 2015 by Verlag HAAG + HERCHEN GmbH,
Schwarzwaldstraße 23, 63454 Hanau
Alle Rechte vorbehalten
Satz: kn
Herstellung: dp
Printed in Germany

Verlagsnummer 3763

Inhalt

Zum Geleit 7

Vorwort 11

1. Einleitung 15

2. Die Geschichte des Islam in Bosnien 21
  2.1. Eroberung durch die Osmanen 21
  2.2. Demografische und gesellschaftliche
       Veränderungen 23
  2.3. Truppen des Terrors: die SS-Division Handžar 28

3. Bürgerkrieg und späte Rache 32
  3.1. Pulverfass Kosovo 32
  3.2. Zerfall der ›Brüderlichkeit und Einigkeit‹ 35
  3.3. Reziprozität der Gewalt 41
  3.4. Das Tribunal und der Vertrag von Dayton 52

4. Wege des ›europäischen‹ Islam 56
  4.1. Der Islam erreicht Europa 56
  4.2. Kultur, Religion, Migration 61
  4.3. Vormarsch des Wahhabismus 72

**5. Vom vermeintlich hoffnungsvollen zum mutmaßlich
   gefallenen Staat** 80
  5.1. Aktuelle Ausgangslage 80
  5.2. Einschätzungen 84
  5.3. Gelehrsamkeit versus Fundamentalismus 89

6. Epilog 95

Literaturverzeichnis 99

Zum Geleit

Zwanzig Jahre nach dem Friedensabkommen von Dayton, das den Krieg in Bosnien beendete und das Land zwischen den drei zerstrittenen Volksgruppen – Kroaten, Serben und Bosniaken (bosnische Muslime) – aufteilte, herrschen nach wie vor chaotische Zustände in dem vom Bürgerkrieg versehrten Balkanstaat. Politisch steht das föderalistische Konstrukt stets am Rand des Abgrunds, zumal sich die ehemaligen Kriegsparteien tunlichst voneinander abgrenzen und offenkundig kein Interesse an einer sachlichen Auseinandersetzung mit der jüngeren Vergangenheit zeigen.

Dies jedoch stellt eine der wichtigsten Voraussetzungen dar, um das Land aus seiner – politischen und wirtschaftlichen – Krise zu führen, aber solange nationalistische Kräfte hüben wie drüben die politische Agenda bestimmen und primär aus eigennützigen Motiven handeln anstatt sich für ihre Bürger einzusetzen, wird die Verzweiflung der Menschen in Bosnien und Herzegowina eher noch anwachsen und werden vor allem religiös radikale Kräfte auf fruchtbaren Boden stoßen.

Die Antwort auf die grassierende Korruption und die daraus resultierende Hoffnungslosigkeit gerade junger Leute im ehemaligen jugoslawischen Teilstaat ist zum einen die organisierte Kriminalität, die aufgrund der mangelnden strafrechtlichen Verfolgung geradezu blüht und deren Arm bis in höchste Regierungskreise reicht. Auf der anderen Seite nutzen fundamentalistische Muslime die Gunst der Stunde, die desillusionierten jungen Menschen für sich zu gewinnen, indem diese mit Geld und anderen unterstützenden Maßnahmen geködert werden. Quasi als Gegenleistung verpflichten sich die Leute, die wahhabitische Auslegung des Islam bzw. Koran anzunehmen und nach deren Rigidität zu leben, was im Klartext heißt, dass der

Glaube in jedem Fall über dem Gesetz steht und dass jede andere Interpretation des Glaubens bei Todesstrafe verboten ist. Treibende Kraft hinter der Einflussnahme fundamentalistischer Muslime auf bosnischem Boden sind die milliardenschweren Scheichs aus Saudi-Arabien, die in den vergangenen zwanzig Jahren hunderte Millionen Dollar nach Bosnien gepumpt haben, was vor allem in der Hauptstadt Sarajevo durch den prunkvollen Bau der König-Fahd-Moschee zum Ausdruck gekommen ist.

Doch begnügen sich die bosnischen Islamisten nicht damit, durch die Fördergelder ihrer saudischen Brüder den Extremismus zu etablieren; in vielen kleinen und mittelgroßen Gemeinden namentlich im Osten und Nordosten des Landes haben diese Wahhabiten bereits so viel Einfluss gewonnen, dass selbst die Behörden vor Ort kapituliert haben und den Fundamentalisten nach der Pfeife tanzen. Das hat u.a. zur Konsequenz, dass die Drohungen, Einschüchterungen und nicht selten Gewaltakte gegen Andersgläubige, tolerante Muslime und insbesondere gegen ethnisch gemischte Familien entweder gar nicht geahndet oder lediglich protokolliert werden, um danach in eine Schublade oder in den Papierkorb zu wandern. Den Betroffenen bleibt zumeist nichts anderes übrig, als sich den Glaubensfanatikern zu fügen und deren Dogmatismus zu akzeptieren oder das Land zu verlassen.

Indirekt unterstützt werden die extremistischen Kräfte dabei von der internationalen Politik, die Bosnien gar voreilig als ›Safe Country‹ eingestuft hat, ohne die Bedenken zahlreicher Nichtregierungsorganisationen und politischer Parteien miteinzubeziehen. Obschon im Wissen darum, dass die Korruption für die Instabilität im Land verantwortlich zeichnet und die soziale Ungerechtigkeit sowie den Hass auf ethnische Minderheiten schürt, sehen weder die Europäische Union noch die Vereinten Nationen Handlungsbedarf von außen. Man belässt es in der Regel bei Ermahnungen an die Adresse der politischen Eliten Bosniens, derweil im Schutz dieser Ignoranz ein gefährliches Potenzial islamistischer Überzeugungstäter gedeiht, die bereits durch terroristische Aktionen in Erscheinung getreten sind.

Der vorliegende Essay beschäftigt sich mit dem Phänomen des Wahhabismus in dem Land, das einst ein Vorzeigemodell für eine funktionierende multikulturelle Gesellschaft darstellte – zumindest solange, als der sozialistische Staat Jugoslawien unter seinem Gründervater Tito Bestand hatte. Im Weiteren wird die Geschichte des Islam in Europa und hierbei vor allem auf dem Balkan kritisch, aber dennoch möglichst wertfrei durchleuchtet, um wenigstens ansatzweise die historische Komplexität transparenter zu machen.

Alexander Nyffenegger

Vorwort

Das vorliegende Buch gibt einen Überblick über die wichtigsten historischen Ereignisse, die zu der aktuellen Situation in Bosnien geführt haben. Ein solcher historischer Rückblick ist gerade in der heutigen Zeit von großer Bedeutung, in der vielen Menschen das historische Wissen über das Verhältnis zwischen Islamischer Welt und Europa immer noch fehlt.

Aufgrund seiner zwanzigjährigen Beschäftigung mit den politischen und gesellschaftlichen Auseinandersetzungen auf dem Balkan ermöglicht es der Autor den Lesern, die Komplexität des innerjugoslawischen Konflikts besser zu begreifen und entsprechend auf die heutige Situation bezogen aufzuschlüsseln.

Zum einen will der Autor die relativ einseitige Berichterstattung der westlichen Medien in Bezug auf die alleinige Verantwortung der serbischen Seite kritisch hinterfragen. Zum andern betrachtet er den Balkan, und hierbei insbesondere die nunmehr unabhängige Republik Kosovo, nach wie vor als immerwährendes Pulverfass, dem die europäische ›Wertegemeinschaft‹ immer noch viel zu wenig Beachtung schenkt.

Wie war es möglich, dass sich bei uns in Europa, wo dem Islam seit jeher eine relativ geringe Bedeutung zukam, der Wahhabismus und der Dschihadismus einnisten konnten? Die Antwort auf diese Frage ist unmissverständlich: Es war allem voran die ignorante Haltung der Westeuropäer gegenüber den jugoslawischen Nachfolgestaaten in den letzten Jahren, die es ermöglicht hat, dass sich auf bosnischem Gebiet der politische islamische Extremismus breitmachen konnte.

An Bosnien wird erfahrbar, wie schnell eine bedrohliche Entwicklung ihren Lauf nehmen kann und weshalb etwas dagegen getan werden muss. Laut Kurt Pelda, u.a. Kriegsreporter für das Schweizer Fernsehen, ist beispielsweise der sogenannte ›IS‹ in Bosnien darbei, eine Basis für Aktionen in ganz Europa zu schaffen. Sollten die mörderischen selbsternannten ›reinen Muslime‹ damit erfolgreich sein, droht dem europäischen Kontinent und höchstwahrscheinlich darüber hinaus eine Katastrophe mit unabsehbaren Folgen.

Es ist dem Autor ein Anliegen, auf diese gefährliche Entwicklung aufmerksam zu machen, weil gerade die Balkanländer Bosnien und Kosovo ein veritables Sammelbecken für desillusionierte junge Menschen darstellen, auf die es die Islamisten vom ›IS‹ abgesehen haben, um sie für den Kampf gegen die ›Ungläubigen‹ (einschließlich der nicht-fundamentalistischen Muslime) zu gewinnen.

Die Konstellation zwischen Armut der breiten Masse der Bevölkerung, politischer Korruption in den Schaltzentralen der Macht und wirtschaftlicher Manipulation von außen ist ein explosives Gemisch, das heute ganz Europa bedroht. Dieses Muster entwickelt sich überall, wo der Staat von innen her am Zerfallen ist und externe Interventionen diese Schwäche gezielt ausnutzen, indem sie Geld ins Spiel bringen, um ihre eigenen partikularen Interessen besser durchsetzen zu können.

Mit den Petrodollars der Saudis wird die Ideologie der Intoleranz und der Gewalt exportiert und Bosnien von seiner eigenen Geschichte entfremdet. Petrodollars schaffen Risse in organisch gewachsenen Gemeinschaften, nicht nur in Bosnien. Geld ist schnell zur Stelle, wenn es darum geht, die Menschen zu manipulieren und für sich zu gewinnen. Das gilt nicht nur für die Saudis selbst, sondern auch für die Türkei und andere Staaten, die ihre politisch-militärischen Machtansprüche in der Nahost-Region über die Revitalisierung einer extrem reaktionären Form von Nationalismus zur Geltung bringen. Lethargie, Naivität, falsche Toleranz, Mangel an Mut und Indifferenz in den reichen Ländern Europas werden nicht folgenlos bleiben, weil sie dem reaktionären Nationalismus, dem Islamismus und Dschihadismus freie Hand lassen.

Ein grundlegender Paradigmenwechsel ist gefragt: Es geht hier und heute darum, den Laizismus zu verteidigen, die Menschenrechte zu schützen, den Rechtsstaat und damit das Recht durchzusetzen, kein religiöses Gesetz im politischen Leben zu tolerieren, Moscheen unter strenge Beobachtung zu stellen, Finanzierungen zu kontrollieren und keine Imame aus dem Ausland mehr zu akzeptieren.

Um entschieden gegen den Islamismus, Dschihadismus und Salafismus vorgehen zu können, genügt es nicht, die Mehrheit der nicht-fundamentalistischen Muslime hinter sich zu wissen. Europa muss die Unterstützung und Hilfe in den Teilrepubliken des Balkans massiv ausbauen und diesen Republiken bei der Bekämpfung von Extremismus unbedingt beistehen.

Anstelle von Rache und Vergeltung sollte in dieser schwergeprüften Region wieder der Geist der Versöhnung und des gegenseitigen Respekts zwischen den verschiedenen Ethnien mit ihren religiösen Ausrichtungen einkehren. Insbesondere muss die Hilfe den Bedürfnissen der Frauen und Kinder zugute kommen. Dies liegt ganz im Interesse der westlichen säkularisierten Welt. Vor allem auch, dass es den bosnischen Frauen ermöglicht wird, zu selbstständigen Akteurinnen im Kampf um Frieden und Freiheit zu werden.

Mit anderen Worten: Die Rahmenhandlung, die der Autor seinem Buch beifügt, zeigt klar auf, dass die Bevölkerung nichts weiter als ein gutes Leben im eigenen Land führen möchte.

Saïda Keller-Messahli

1. Einleitung

»Sie haben alles, um sich in die Luft zu sprengen; ob sie es tun, hängt von den Befehlen ihrer Führer ab.« Der bosnisch-muslimische Journalist Esad Hećimović beschäftigt sich seit vielen Jahren mit dem Phänomen des Dschihadismus in seinem Heimatland, und er zeichnet ein düsteres Bild. Hećimović, selbst liberaler Muslim, kritisiert insbesondere die exorbitanten Geldströme, die zwischen 1992 und 2001 nach Bosnien geflossen sind. Summa summarum eine halbe Milliarde Euro ließen sich die Scheichs aus Saudi-Arabien die Verbreitung des ›wahren Glaubens‹ im Balkanland kosten, sieht doch der totalitäre steinreiche Gottesstaat im bis zu den jugoslawischen Kriegen sehr moderaten und toleranten muslimischen Teil Bosniens die Chance, auf europäischem Boden quasi eine Dépendance seiner wortgetreuen Auslegung des Koran einzurichten, um den Dschihad letztlich auf den gesamten europäischen Kontinent zu übertragen.

Natürlich würden sich die Saudis hierbei niemals auf den bewaffneten Dschihad bzw. terroristische Anschläge berufen oder diese gar propagieren; der Modus Operandi Saudi-Arabiens ist jedoch insofern perfider, als der religiöse Drang nach Eroberung schleichend umgesetzt wird, und die willfährigen Glaubensbrüder auf dem Balkan lassen keine Zweifel offen, dass sie die Bestrebungen ihrer Financiers absolut ernst nehmen, wie das folgende Beispiel eines bosnischen Ehepaares zeigt.

Emir und Dragica Kadrić (die Namen wurden zum Schutz der Betroffenen geändert) lebten mit ihren beiden Kindern bis zum Sommer 2011 in Gradačac, einer mittelgroßen Stadt im Kanton Tuzla im Norden der Föderation Bosnien und Herzegowina. Nach dem Bosnienkrieg 1992 bis 1995 wurde Gradačac im Zuge des Friedensabkommens von Dayton der Föderation zugesprochen, indes die meisten Teile der Region zum Territorium der Serbischen Republik gehören.

Wie bei unzähligen anderen Ehepaaren in Bosnien und Herzegowina handelt sich bei Emir (Muslim) und Dragica (Serbin) Kadrić um eine sogenannte ›Mischehe‹. Solche Mischehen gab und gibt es vor allem in bosnischen Gebieten seit Jahrhunderten, was selten Probleme mit sich gebracht hatte. Erst der Ausbruch des Bürgerkriegs zu Beginn der 1990er Jahre stürzte die während langer Zeit vorherrschende Harmonie zwischen den verschiedenen Ethnien auf dem Balkan im Allgemeinen und in Bosnien im Besonderen in ein Klima des gegenseitigen Hasses, dessen Auswirkungen bis heute spürbar sind.

Als der Krieg in Bosnien ausgebrochen war, ergriff das Ehepaar, nicht zuletzt wegen dessen kurz zuvor geborener Tochter, die Flucht und fand im österreichischen Bregenz Aufnahme, wo es bis 1997 verblieb. Die Lage hatte sich zwei Jahre nach Beendigung des Kriegs augenscheinlich wieder stabilisiert, worauf die Kadrićs den Entschluss trafen, nach Gradačac zurückzukehren, zumal in der Fremde noch ein Sohn geboren wurde. Dies und die Tatsache, dass sie mithelfen wollten, ihre Heimat neu aufzubauen, bestärkte die Familie in ihrer Entscheidung.

Zurück in Gradačac bzw. Brčko, wo die Familie eine Zeitlang auch wohnhaft war, eröffneten Emir und seine Frau eine Imbissbude, und sie konnten sich zunächst gut in ihrer alten Heimat reintegrieren, die im Begriff war, ein Staatswesen nach schweizerischem Vorbild zu errichten, d.h. ein System, das auf Föderalismus beruht, weshalb man Bosnien in einzelne Kantone gegliedert hatte. Es schien, als hätten die drei ethnischen Volksgruppen – Bosniaken (Muslime), Serben und Kroaten – einen Weg gefunden, ihre Streitigkeiten zumindest insofern beizulegen, als man den Versuch wagte, sich politisch zusammenzuraufen.

Zehn Jahre lief es gut, dann begannen binnen kurzer Zeit die Schwierigkeiten: Emir und Dragica stellten fest, dass die Kundschaft ihrer Grillbude zusehends ausblieb, obwohl das Geschäft während der ganzen Jahre keinen Anlass zu Klagen gegeben hatte. Dann die ernüchternde Erkenntnis: Man hatte begonnen, den Imbiss der Familie zu boykottieren – weil Emir angeblich Schweinefleisch für seine Produkte verwendet hatte. Trotz der Beteuerungen, dass ihre Ware *halal* sei, frei von Substanzen oder Zutaten, die mit den Gesetzen des Koran nicht konform gehen, änderte sich nichts; irgendjemand schien gezielt gegen die Familie vorzugehen, und dafür konnte bei näherer Betrachtung nur ein Personenkreis infrage kommen: die ortsansässigen Wahhabiten, fundamentalistische Muslime, die die heilige Schrift des Islam wortwörtlich auslegen und danach zu leben trachten.

Schon seit längerer Zeit hatten sich in Gradačac und den umliegenden Gemeinden seltsame Dinge ereignet. Im Gegensatz zu früher trugen immer mehr Frauen den *niqab* (Gesichtsschleier) und die Anzahl an Männern, die aufgrund ihrer Kleidung und langen Bärten den Eindruck machten, als kämen sie direkt aus Afghanistan, erhöhte sich dramatisch schnell. Zudem hatte ein großer Teil der Einwohner von Gradačac schon weitaus mehr als nur Sympathien für die Islamisten entwickelt, was u.a. darin zum Audruck kam, dass sowohl Emir als auch Dragica vermehrt verbalen und mitunter auch körperlichen Angriffen zum Opfer fielen und dies, nachdem die vorsichtige Annäherung zwischen den Volksgruppen, die sich während des Bürgerkriegs aufs Heftigste bekämpft hatten, langsam wieder im Begriff gewesen war Früchte zu tragen.

Emir wurde von verschiedenen Leuten, die den Wahhabiten nahe standen, regelmäßig bedrängt und dazu aufgefordert, sich ihnen anzuschließen, der gemäßigten Linie des Islam zu entsagen und seine Frau zur Konversion zu bewegen. Man bot ihm, der in der Zwischenzeit die Imbissbude im Zuge des Boykotts hatte schließen müssen, Geld an, wenn Dragica den Islam annehmen würde. 300 Euro im Monat sollte die Familie erhalten und Dragica zusätzlich 400 Euro für das Tragen des Niqab! Als die Kadrić' ablehnten, wurde der Terror gegen die gesamte Familie erst richtig entfacht, denn nun geriet auch Sohn Senad ins Visier der Fundamentalisten.

Senad war in den Augen der Wahhabiten genauso ein ›Ungläubiger‹ wie seine Mutter, da er nach der Geburt nicht beschnitten worden war (die Unterlassung des für Muslime und Juden gleichermaßen heiligen Rituals der Beschneidung ist in den Augen religiöser Fanatiker unverzeihlich). Bis dahin hatte dieser Umstand jedoch nie eine Rolle gespielt, jetzt wurde Senad plötzlich *Kafir* (Ungläubiger) gescholten und mehrmals bedroht sowie mindestens einmal krankenhausreif verprügelt. Die Repressalien gegen den Jungen gingen so weit, dass man ihm drohte, ihn mit einer Rasierklinge zu beschneiden. Die Polizei ignorierte diese Dinge geflissentlich, denn die Islamisten, die sich in kürzester Zeit zu den Herren der gesamten Region erhoben hatten, waren offensichtlich bereits unantastbar geworden.

Die Hetze gegen die Kadrićs (die bei Weitem nicht die einzigen Opfer in diesem einseitigen ›Krieg‹ gegen die moderaten Muslime darstellten) gipfelte sowohl in einem Bedrohungsszenario gegen Emir, das sich genauso gut innerhalb der Mafia hätte zutragen können, als auch in der Vergiftung des Familienhundes, der daran verendete.

Nachdem Emir eine neue Stelle als Kellner in einer Bar angetreten hatte, begann sein Arbeitgeber irgendwann, den Lohn schuldig zu bleiben. Ohne ihm eine Erklärung dazu abzugeben, wurde Emir die Stelle wieder gekündigt. Als er auf der Auszahlung der seit mehreren Monaten ausstehenden Löhne beharrte, bestellte ihn der ehemalige Arbeitgeber zu sich. Als Emir seinem vormaligen Chef gegenüber saß, ließ ihn dieser in

eine Papiertüte greifen; Emir glaubte schon, es handle sich endlich um sein Geld, bis er realisierte, dass er den kalten Stahl
einer Pistole berührte. Man beschied ihn, sich fortan besser nicht
mehr mit dem (wie sich später herausstellen sollte) wahhabitischen Barbesitzer anzulegen, ansonsten dies schlimme Folgen
für ihn und seine Familie haben würde.

Emir und Dragica Kadrić bewogen die Ereignisse letztlich
dazu, ihre Heimat erneut zu verlassen und dieses Mal in der
Schweiz Asyl zu beantragen.

Das Schicksal der Familie Kadrić ist symptomatisch für die
meisten Mischehen in den Regionen des Landes, die vom islamischen Fundamentalismus durchdrungen sind. Diese Menschen haben in der Regel gar keine andere Wahl, als sich entweder dem rigiden religiösen Kurs der lokalen Machthaber zu
unterwerfen oder das Land zu verlassen. Die mangelnde Rechts-
staatlichkeit im von der Korruption durchdrungenen Balkanland verunmöglicht der Justiz, gegen diese Auswüchse vorzugehen, abgesehen davon, dass jeder Beamte, Richter oder Staats-
anwalt beim geringsten Versuch, ein Verfahren gegen die
Wahhabiten einzuleiten, um sein Leben fürchten muss. Wie
sollte angesichts dieser Verhältnisse ein einfacher Bürger den
Mut aufbringen, mittels Justiz und Polizei zu seinem Recht zu
kommen!

Letztlich bleibt den betroffenen Familien nur die Flucht als
Ausweg, was wiederum erhebliche Schwierigkeiten für die
Flüchtlinge zur Folge hat, denn Bosnien und Herzegowina gilt
bspw. gerade in der Schweiz seit 2003 als sicheres Herkunfts-
land, und bislang hielt sich das Interesse, diesen Status zu über-
prüfen, in Grenzen. Menschen, die aufgrund dieser Einstufung
folglich kein Asyl erhalten und nach Bosnien abgeschoben
werden, müssen bei ihrer Rückkehr damit rechnen, erneut ver-
folgt und unterdrückt, wenn nicht gar getötet zu werden – selbst
wenn sie sich bereit erklären, alles zu tun, was die ›Taliban‹
vom Balkan von ihnen verlangen.

2. Die Geschichte des Islam in Bosnien

2.1. Eroberung durch die Osmanen

Um die aktuelle Entwicklung des Islam in Bosnien verstehen zu können, ist es unabdingbar in die Geschichte des Balkan einzutauchen. Die Voraussetzungen zum Status Quo des Landes in gesellschafts- bzw. religionspolitischer Hinsicht wurden schon zu einer Zeit geschaffen, als in Europa ein Umbruch einsetzte, der den Kontinent – oder besser die damaligen Großmächte – vor allem auf territorialer und als Folge dessen auf wirtschaftlicher Ebene maßgeblich prägte.

Im 15. Jahrhundert, am Scheidepunkt zwischen Mittelalter und Neuzeit, vollzog sich binnen weniger Jahre eine geopolitische Umgestaltung, bedingt durch zahlreiche Faktoren wie etwa der Entwicklung Spaniens hin zu einer Kolonialmacht, der Bildung von neuen Machtzentren durch einflussreiche Familien wie den Medici und Visconti in Italien; die Herrschaft der Burgunder über etliche Territorien in ganz Europa wurde mit dem Tod Karls des Kühnen 1477 beendet und das Haus Burgund auf dem Scheiterhaufen der Geschichte entsorgt. Kriege wurden durch die Einführung neuer Techniken wie dem Einsatz von Schwarzpulver für Gewehre und Kanonen modernisiert, und der Buchdruck leitete die allmähliche Alphabetisierung der Bevölkerung ein. Die Rückeroberung (*reconquista*) der Iberischen Halbinsel, die während fast 800 Jahren unter der Herrschaft der muslimischen Mauren stand und mit dem Fall von Granada im Jahr 1492 endete, begünstigte eine weitere Entwicklung, die für die Prosperität der Großmächte entscheidend war: die Entdeckung neuer Kontinente und Völker vorwiegend durch spanische, italienische und portugiesische Seefahrer. Gleichzeitig drohte aus den äußersten südöstlichen Gebieten

Europas eine neue Gefahr, die sich dem Eroberungskrieg verschrieben hatte und in Gestalt der Osmanen resp. Türken immer weiter nach Nordwesten vorstieß.

Das Osmanische Reich hatte sich am Ende des 13. Jahrhunderts aus dem Sultanat der Seldschuken gebildet, einer türkischen Fürstendynastie, deren Begründer ursprünglich aus dem zentralasiatischen Raum stammten. Hierbei entzog sich der anatolische Stammesführer Osman (I.), dessen Name Pate für das neue Reich stand, dem Einflussbereich der Seldschuken und eroberte binnen kurzer Zeit mehrere benachbarte Stämme. Der Muslim Osman trachtete im Verlauf seiner Feldzüge nach einer Expansion des Islam, der sich in den rund sechs Jahrhunderten zuvor von der arabischen Halbinsel herkommend immer weiter nach dem Norden und Nordwesten verbreitet hatte. Was die Mauren, die zum damaligen Zeitpunkt – um 1300 – noch über den südlichen Teil der Iberischen Halbinsel geherrscht hatten, in Südeuropa erreichten, wollten Osman und seine Nachfolger auch vom Osten her in die Tat umsetzen: die allmähliche Eroberung des Kontinents zum Zweck der Errichtung eines ›islamischen Reiches‹ bzw. Kalifats, das letztlich über die gesamte damals bekannte Welt herrschen sollte.

Während die Mauren kontinuierlich aus Spanien vertrieben wurden, nahmen die Osmanen ein Gebiet nach dem andern ein und überquerten Mitte des 14. Jahrhunderts das Marmarameer zwischen dem asiatischen und dem europäischen Kontinent, wo sie wiederum von Erfolg zu Erfolg eilten, bis sie im Kosovo einfielen. 1389 standen sie dem serbischen Fürsten Lazar Hrebeljanović gegenüber, der sich mit weiteren christlichen Fürstentümern verbündet hatte, um den Vormarsch der Muslime zu stoppen. Am 28. Juni siegten die Osmanen in der Schlacht auf dem Amselfeld (*Kosovo Polje*), verloren jedoch ihren Heerführer Sultan Murad I. durch ein Attentat des serbischen Ritters Miloš Obilić, indessen der Feldherr der anderen Seite, Fürst

Lazar, von den Osmanen noch auf dem Schlachtfeld hingerichtet wurde. Der Sieg über das christliche Koalitionsheer bildete zwar lediglich eine weitere Hürde auf dem Feldzug der muslimischen Osmanen, doch für das Abendland per se und natürlich die Völker, die unmittelbar von der Invasion aus dem Orient betroffen waren, stellte die Niederlage im Kosovo ein Fanal der Angst dar. Dieser Eindruck wurde unterstrichen durch die anhaltenden militärischen Erfolge der ›Ungläubigen‹, die 1463 schließlich die Stadt Jajce in Zentralbosnien eroberten und König Stjepan Tomaš Kotromanić töteten, den letzten König, der über Bosnien herrschen sollte.

Der Einverleibung Bosniens in das Osmanische Reich ging schon 1453 die Beendigung des Byzantinischen Reiches zuvor, als am 29. Mai die uralte und nach dem römischen Kaiser Konstantin I. benannte Hauptstadt Konstantinopel (heute Istanbul) nach einer mehrmonatigen Belagerung den Osmanen in die Hände fiel. Fortan bildete die Stadt am Bosporus das Machtzentrum des Reiches, das sich unter Sultan Süleyman I., ›dem Prächtigen‹, auf dem Höhepunkt seiner territorialen Ausdehnung befand. Das Reich erstreckte sich vom Balkan über den gesamten Nahen Osten bis Nordafrika und vermochte sich über Jahrhunderte zu behaupten. Erst 1922, im Zuge der Reform des Staatswesens in eine Republik unter General Mustafa Kemal, hörte das Osmanische Reich faktisch auf zu existieren: Die Türkei war geboren.

2.2. Demografische und gesellschaftliche Veränderungen

Aber zurück zu den Osmanen: Während der Expansion auf europäischem Boden siedelten sich auf den nun nach islamischer Gesetzgebung organisierten Gebieten viele Türken an, die entweder schon im Heer der Osmanen mitmarschiert waren, oder von den neuen Machthabern selbst nach Bosnien gerufen wurden, um die demografische Entwicklung bewusst zu steuern. Die Konversion der einheimischen Bevölkerung, die zumeist der ›Bosnischen Kirche‹ (eine vom Katholizismus und der serbisch-orthodoxen Kirche unabhängige christliche Gemeinschaft, deren Ursprung umstritten ist) angehörig waren, vollzog sich relativ zügig, da besagte Kirche zum Zeitpunkt der osmanischen Invasion faktisch bereits nicht mehr existierte. Das dürfte zumindest ein Grund gewesen sein, weshalb eine Zwangsbekehrung der Bosnier zum Islam obsolet wurde.

Abgesehen davon sahen die stolzen Türken in den Bosniern, wie generell in den Slawen, eine Volksgruppe, die ihnen selbst nicht das Wasser reichen konnte, mit anderen Worten minderwertig war. Nach dieser Auffassung stellte die Konversion bzw. das Bekenntnis eine Handlung dar, die den Osmanen einerseits kaum als oberste Priorität erschien und die andererseits ohnehin im Laufe der Zeit erfolgen würde. Für die Betroffenen selbst, die Bosnier, war die Frage der Annahme des Islam eher eine zweckmäßige. Während die einfachen Leute, hauptsächlich Bauern wie überall in jenen Zeiten, Glaubensfragen eine eher untergeordnete Bedeutung beimaßen und wohl primär um ihr eigenes Überleben bemüht waren, gingen die Angehörigen des bosnischen Adels, soweit sie auch zukünftig eine vorherrschende Stellung in der Gesellschaft einzunehmen gedachten, pragmatisch vor.

Dabei kam ihnen das osmanische Timar-System zugute, quasi das Pendant zum Lehnswesen in christlichen Ländern, wonach höhere Beamte des Staates Grundstücke auf Lebenszeit verliehen bekamen, die sie wiederum den Bauern verpachten konnten. Als Gegenleistung verpflichteten sich diese ›Timarioten‹, dem Sultan als Reitersoldaten zu dienen; eine Praxis, die bereits auf Osman I. zurückging, der sich dadurch die Loyalität seiner hohen Untergebenen sicherte.

Laut dem österreichischen Ethnologen Friedrich Salomon Krauss (1859-1938) spielten die slawischen Muslime in den Jahrhunderten der osmanischen Okkupation jedoch eine absolut untergeordnete Rolle im politischen Leben.

Eine andere, neben dem Timar ebenso effiziente wie geschickte Strategie der Bindung an den Staat beinhaltete die sogenannte ›Knabenlese‹, wie sie vom jugoslawischen Schriftsteller Ivo Andrić in dessen berühmtem Roman *Die Brücke über die Drina* eindrücklich geschildert wird. Die ›Janitscharen‹ (türk. ›neuer Soldat‹) genannten Krieger des Sultans wurden bereits in ihrer Jugend rekrutiert und stammten hauptsächlich aus christlichen Familien. Meistens handelte es sich um Kinder, die zu Waisen geworden waren, doch gab es auch Fälle von Entführungen – die Wissenschaft ist sich darüber mitunter bis heute nicht einig, wobei der ideologische Blickwinkel eine nicht unmaßgebliche Rolle in der Bewertung spielt.

Nationalistisch gesinnte Forscher hüben wie drüben beharren auf ihren jeweiligen Standpunkten, und so vertreten die einen die These, dass die Selektion dieser Knaben auf strengen Kriterien beruht habe: Bildung, körperliche Verfassung oder Befähigungen in vielerlei Hinsicht sollen für die Aufnahme in das Janitscharen-Korps entscheidend gewesen sein, und angeblich seien in einigen Fällen sogar Bestechungsgelder geflossen, um den Sprösslingen eine gute Ausbildung zu ermöglichen. Andere Forscher, namentlich Historiker, sehen das komplett anders und gehen davon aus, dass die Knabenlese vor allem das Ziel verfolgte, die Islamisierung in Bosnien voranzutreiben und willfährige Werkzeuge für den Sultan zu erschaffen. Sowohl die eine wie die andere These gilt es genauer zu analysieren, obschon die Tatsache, dass die Janitscharen eine Elitetruppe im osmanischen Heer bildeten, zumindest die Vermutung nahelegt, es habe eine akribische und strenge Auslese stattgefunden.

Wenn man dem kroatischen Schriftsteller Matija Mažuranić (1817-1881) Glauben schenken will, so befand sich Bosnien in der Mitte des 19. Jahrhunderts in einem Zustand der wirtschaftlichen und gesellschaftlichen Rückständigkeit und zwar in einem Ausmaß, das weit über die für die damaligen Länder Südosteuropas ›normalen‹ Verhältnisse hinausging. Mažuranićs Beschreibungen zufolge – er hatte das Land zwischen 1839 und 1840 bereist und zwei Jahre danach ein Buch über die gesammelten Eindrücke veröffentlicht – entpuppte sich Bosnien als eine »der kroatischen Öffentlichkeit immer noch wenig bekannte Provinz des Osmanischen Reiches« (Lauer/Majer 2013, S. 183). Mažuranić schreibt zudem, die Türken – in der Tat hatten sich seit der Ansiedlung von Muslimen durch die Osmanen im Lauf der Jahrhunderte viele Türken nach Bosnien begeben – besäßen anstelle von gesetzlichen Vorschriften lediglich ein Gewohnheitsrecht, das mit *adet* umschrieben wurde. Weiter hält der Autor fest, dass die Unterdrückung der Christen durch die Muslime mit System praktiziert würde – so zwinge man etwa junge christliche Frauen zur Konversion und enteigne die Häuser der wohlhabenden Nichtmuslime. Bemerkenswerterweise erwähnt Mažuranić am Ende noch, dass der Ehebruch den Muslimen untersagt sei, außer er würde von einem Türken mit einer Christin begangen werden. Gerade dieser Aspekt taucht im Rahmen von Auseinandersetzungen mit dem Islam und seinen gesellschaftlichen Positionen immer wieder auf, vor allem wenn es um die Frage der Gleichberechtigung zwischen Mann und Frau geht.

Mažuranić' mitunter zuspitzende Beschreibung der Lage in Bosnien um 1840 mag nach heutiger Lesart fast ein wenig ungeheuerlich erscheinen, aber sie entsprach wohl weitgehend Tatsachen. Der Einfluss des Osmanischen Reiches schwand zusehends bzw. wurde nicht zuletzt durch diverse Aufstände auf dem Balkan geschwächt. Schon 1804 hatten sich die Serben in einem ersten Aufstand vom türkischen Joch zu befreien versucht, nachdem in einem Dorf 72 *knezen* (Dorfälteste) von den Türken massakriert worden waren. Der Anstoß zur national-revolutionären Erhebung war erfolgt, worauf in mehreren Phasen zwischen 1804 und 1867 die osmanische Oberhoheit über das seit 1817 existierende ›Fürstentum Serbien‹ vollständig abgewendet werden konnte. De jure unabhängig wurde Serbien erst 1878, gemeinsam mit Rumänien und Montenegro sowie im sogenannten Frieden von San Stefano auch Bulgarien, auf dessen Gebiet der Russisch-Osmanische Krieg ausgetragen wurde, der mit einem Sieg der Russen endete.

Unabhängig von den Berichten des Matija Mažuranić, dessen Bild über Bosnien zum Zeitpunkt der osmanischen Herrschaft in einem – wenn man dem Schriftsteller eine böse Absicht unterstellen wollte – relativ rassistisch gefärbten Kontext erscheint, darf man davon ausgehen, dass es sich hierbei gewiss nicht um eine populistische Überzeichnung der damaligen sozialen Situation handelt. Seit die ›Hohe Pforte‹ (der Sitz des osmanischen Großwesirs/Regierungschefs in Konstantinopel) ihre Aktivitäten in Bosnien und der Herzegowina weitgehend eingestellt und das Land praktisch sich selbst überlassen hatte, würde es nicht verwundern, wenn sich in der Folge hier und da quasi anarchistische Zustände breit gemacht hätten. Mit dem Aufstand der bosnischen Serben 1876 wurde dann der Niedergang der osmanischen Herrschaft eingeläutet.

Das wohl augenfälligste Erbe, das die Osmanen in den vier Jahrhunderten der Okkupation auf dem Balkan und insbesondere in Bosnien hinterlassen hatten, war die zahlreiche muslimische Bevölkerung, die um 1900 zwischen 32 und 33 Prozent betrug. Der Anteil der ethnischen Türken hielt sich jedoch in Grenzen. Die Islamisierung des Landes war vor allem von der Konversion geprägt; nach und nach bildeten sich auch Mischehen, wobei die (zumeist) weiblichen Angehörigen der serbisch-orthodoxen oder katholischen Kirche ihren Männern zuliebe oft den Islam annahmen – oder sie wurden schlicht dazu gezwungen. Die umgekehrte Situation gab und gibt es kaum, zumal die Abwendung vom Islam für einen Muslim absolut undenkbar ist. Man muss aber gleichzeitig festhalten, dass die Mehrheit der bosnischen Muslime, die ethnisch der slawischen Bevölkerung zuzuordnen sind, eher säkular denken und handeln. Die Fundamentalisten besaßen lange Zeit einen verschwindend geringen Anteil, und erst das Erstarken der islamistischen Bewegung unter dem Sarajevoer Juristen und Politiker Alija Izetbegović im Vorfeld und besonders während des Bürgerkriegs führte binnen kurzer Zeit zu spürbaren Veränderungen im Denken vieler (sunnitischer) Bosniaken.

Der Fundamentalismus per se ist in Bosnien und der Herzegowina hingegen nichts Neues, und gerade im Zweiten Weltkrieg zeigte er sich *nota bene* gegenüber Angehörigen der serbisch-orthodoxen Kirche von seiner ausgesprochen häßlichen Seite.

2.3. Truppen des Terrors: die SS-Division Handžar

1941 überfiel Deutschland gemeinsam mit Italien und Ungarn das Königreich Jugoslawien quasi *en passant* und eroberte es handstreichartig. König Petar II. Karađorđević floh ins Exil nach Großbritannien, womit die 1918 gegründete Monarchie, bestehend aus den späteren jugoslawischen Teilstaaten Slowenien, Kroatien, Bosnien und Herzegowina, Montenegro, Mazedonien und Serbien mit der historisch bedeutsamen Region Kosovo, beendet wurde. Im Zuge der Besatzung wurde das Land in zehn Teile gespalten, wobei vor allem die Bildung des sogenannten ›Unabhängigen Staats Kroatien‹ (USK, kroat. NDH) eine gewichtige Rolle spielte. Protegiert von den Achsenmächten übte der Vasallenstaat unter Führung des kroatischen Juristen und Faschisten Ante Pavelić, der 1934 an der Ermordung des damaligen jugoslawischen Königs Alexander I. Karađorđević beteiligt war, eine, analog dem Deutschen Reich, Vernichtungspolitik gegenüber sämtlichen Volksgruppen aus, die dem *Ustaša*-Regime ein Dorn im Auge waren. Insbesondere die Serben fielen der Verfolgung zum Opfer, neben Juden, Zigeunern und anderen ethnischen Gruppen, die von den Faschisten als ›Untermenschen‹ deklariert worden waren.

In diesem Zusammenhang erlangte das Konzentrationslager beim Dorf Jasenovac, knapp 100 Kilometer südöstlich von Zagreb gelegen, traurige Berühmtheit. Jasenovac hat für die Serben eine ähnliche Bedeutung wie Auschwitz für die Juden, denn es wurden dort hauptsächlich Serben ermordet. Die Opferzahlen schwanken mitunter massiv zwischen 100.000 und einer Million, was auf gegensätzliche politisch-ideologische Interessen der jeweiligen Lager zurückgeht, die sich schon vor Ausbruch des Bürgerkriegs über diese Frage nicht einig werden konnten bzw. wollten. Unter dem Strich ist die reale Zahl der Opfer völlig irrelevant. Fakt ist, dass in Jasenovac, aber auch in anderen, von den Ustaša errichteten Konzentrationslagern Zehntausende von Menschen umgebracht wurden, die im Weltbild der Faschisten keine Lebensberechtigung besaßen.

Zur Unterstützung des Vernichtungskriegs, zumal in Gegenden, die einerseits von den kommunistischen Partisanen unter dem Kroaten Josip Broz ›Tito‹ im Kampf gegen die Ustaša heimgesucht wurden und die auf der anderen Seite hervorragende Kenntnisse der Topographie erforderten, wurden ad hoc Divisionen mit Einheimischen aufgestellt. Diese Aufgabe übernahm die SS, welche die neuen Kampfeinheiten vor allem auf dem Gebiet Bosniens, das dem USK einverleibt worden war, operieren ließ. Herausragend, weil besonders effizient, erwies sich die Division ›Handžar‹, benannt nach dem arabischen Krummsäbel und gebildet aus bosnischen Muslimen.

Die Rekrutierung von Muslimen für eine SS-Division ging auf die Initiative des Reichsführers SS, Heinrich Himmler, zurück, der etliche ideologische Verbindungspunkte zwischen dem Nationalsozialismus und dem Islam zu erkennen glaubte. Dem rabiaten Antisemiten Himmler kam zugute, dass sich bereits in den dreißiger Jahren der damalige Großmufti von Jerusalem, Mohammed Amin al-Husseini, um Kontakte zum NS-Regime bemüht hatte. Obschon Hitler selbst zunächst wenig Begeisterung für die Nähe seines Paladins zu einem Mann, ›der aussieht wie ein Jude‹, zeigte, ließ er Himmler gewähren. Mit der Zeit erkannte auch Hitler den Nutzen, der vom fanatischen Judenhasser al-Husseini ausging, zumal dieser nicht nur die totale Vernichtung der europäischen Juden befürwortete, sondern dieselben Absichten für den arabischen Raum verfolgte. Im Rahmen eines Empfangs für den Großmufti, der im Frühjahr 1941 nach Deutschland geflohen war, erklärte Hitler, dass das Deutsche Reich einen kompromißlosen Kampf gegen die Juden führen würde und dass dazu ›selbstverständlich‹ auch der Kampf gegen die Juden in Palästina gehöre. Al-Husseini erlangte die Mitgliedschaft in der SS und wurde ab 1943 mit der Organisation und dem Aufbau von SS-Divisionen in Bosnien betraut. So entstand schließlich die sogenannte ›13. Waffen-Gebirgs-Division der SS Handžar‹, deren Angehörige hauptsächlich Muslime waren.

Ausgerüstet mit modernen und ›traditionellen‹ Waffen (Hermann Fegelein, SS-Gruppenführer und Schwager von Hitlers Freundin Eva Braun, äußerte seine Bewunderung für die Division mit den Worten: »Sie bringen mit dem Messer um, manchmal schneiden sie auch das Herz heraus«) und einem Imam, der jeder Einheit zur Seite gestellt wurde, begingen die muslimischen SS-Angehörigen zahlreiche Massaker an der zivilen Bevölkerung Bosniens. Der Division fielen wiederum Tausende von Serben zum Opfer, unabhängig davon, ob es sich um Unschuldige oder Partisanen sowie *Četniks* – serbische Freiheitskämpfer – gehandelt hatte. Und wie von Hermann Fegelein unprätentiös formuliert, fiel die Handžar-Division durch unvergleichliche Grausamkeiten auf, die sich ins kollektive Gedächtnis der Serben eingebrannt haben – ein Umstand, der im Bürgerkrieg 50 Jahre später eine nicht unwesentliche Rolle spielen sollte.

In der Endphase des Krieges, als der ›Unabhängige Staat Kroatien‹ im Begriff war sich aufzulösen und die Partisanen allmählich die Überhand gewannen – auch diese waren nicht frei von Kriegsverbrechen am politischen Gegner und dessen Anhängern – , wurde die 13. Waffen-Gebirgs-Division der SS aufgelöst. Sie hatte bereits in den Monaten zuvor zu bröckeln begonnen, zumal Partisanenführer Tito im Zuge des weiteren Vorrückens seiner Truppen sowohl bosnische als auch kroatische Soldaten verschiedener SS-Divisionen auf dem Gebiet des USK zum Übertritt zu den Partisanen aufgefordert hatte. Trotz brutaler Vergeltungsakte seitens der Ustaša an der Zivilbevölkerung zur Einschüchterung der Fahnenflüchtigen ließ sich der Zerfall nicht mehr bremsen, sodass Heinrich Himmler die *Handžar*-Division im Dezember 1944 offiziell auflöste.

Das Ustaša-Regime selbst war wie auch seine Schutzmächte Deutschland und Italien nach Kriegsende zum Untergang verurteilt. Ante Pavelić, der für die Ermordung Hunderttausender verantwortlich zeichnete, ergriff die Flucht nach Argentinien, wo er 1957 einem Attentat, mutmaßlich verübt durch die jugoslawische Staatssicherheit, zum Opfer fiel und zwei Jahre danach in Spanien an den Folgen der Verletzungen starb. Der spanische Diktator Franco, selbst ein Faschist, hatte ihm nach dem Sturz des argentinischen Staatschefs Juan Perón Asyl gewährt.

3. Bürgerkrieg und späte Rache

3.1. Pulverfass Kosovo

Mit dem Tod des ehemaligen Partisanenführers und jugoslawischen Staatschefs Tito im Mai 1980 zerbrach die politisch fragile, weil aufgezwungene Harmonie unter den Teilstaaten allmählich wieder. Tito regierte das Land nach dem Ende des Zweiten Weltkriegs – wie jeder andere kommunistische Diktator in den von der Sowjetunion abhängigen Satellitenstaaten – mit eiserner Faust. Zwar hatte sich Tito bereits 1948 vom Kurs des selbst unter kommunistischen Hardlinern unliebsamen Sowjetführers Stalin abgewendet und einen vergleichsweise ›liberalen‹ Sozialismus eingeführt, doch das Prinzip der Alleinherrschaft wurde auch im Vielvölkerstaat Jugoslawien strikt aufrechterhalten, jegliche Opposition im Keim erstickt.

Im Rahmen der Verfassungsrevision 1974 wurde den Provinzen Kosovo im Süden und Vojvodina im Norden Serbiens der Status der politischen Autonomie gewährt. Tito verfolgte die Absicht, die territoriale (und politische) Hegemonie der serbischen Teilrepublik zu beschneiden; aus Sicht des Staatschefs, der die Losung ›Einigkeit und Brüderlichkeit‹ (*Bratstvo i Jedinstvo*) zum politischen Grundsatz erklärt hatte, durchaus sinnvoll, wenn nicht sogar zwingend für die Beibehaltung des Gleichgewichts zwischen den sechs Teilrepubliken (Serbien, Kroatien, Bosnien und Herzegowina, Slowenien, Mazedonien, Montenegro) und zwei autonomen Provinzen. Die Serben empfanden diesen Schnitt hinter vorgehaltener Hand als höchst ungerecht, denn dadurch – so ihre Argumentation – würden diese Provinzen beinahe den Status von Republiken besitzen (vgl. Libal 1996, S. 12). Vor allem Kosovo und Metochien (westlicher Teil der Provinz mit den Städten Peć, Prizren und Dakovica) sollten eine entscheidende Rolle für den Gang in die Katastrophe spielen.

Der Kosovo mit seinem historischen Schauplatz, dem Amselfeld, wo sich 1389 die Serben den Osmanen gestellt und eine Niederlage erlitten hatten, bildet für die Serben die Wiege ihrer Geschichte. Unzählige Klöster und andere historische Bauten vor allem aus der Zeit der serbischen Herrscherdynastie der Nemanjić (um 1160 - ca. 1370) befinden sich auf dem Gebiet, das sich 2008 unabhängig erklärt hatte und von 109 der 193 UNO-Mitgliedstaaten als Republik anerkannt wurde – freilich sehr zum Unmut der serbischen Bevölkerung, die in diesem Akt begreiflicherweise einen Eingriff in die Souveränität ihres Staates sah. Dass die größtenteils muslimischen Albaner im Kosovo einen Anteil von über 90 Prozent der Gesamtbevölkerung ausmachen, hängt hauptsächlich ebenfalls mit einem historischen Ereignis zusammen. Nach der Niederlage der Türken gegen die Habsburger vor Wien befürchteten insbesondere die Menschen aus jenen Gebieten, die zwar zum Osmanischen Reich gehörten, sich jedoch der Konversion zum Islam widersetzten, Vergeltungsakte von den zurückströmenden türkischen Truppen. Der serbische Patriarch von Peć, Arsenije III. Crnojević, führte schließlich 1690 Tausende Kosovo-Serben nach dem sicheren Norden ins Gebiet des Kaisers Leopold I. von Österreich, wo sie Aufnahme fanden und wo sich viele Serben letztlich assimilierten, in der heutigen Vojvodina (vgl. Sundhaussen 2007, S. 50).

Die Folge dieses Massenexodus war die Immigration Tausender islamisierter Arnauten aus dem Nachbarland Albanien, die sich die zum Teil schon damals mehrere hundert Jahre alten serbischen Kulturdenkmäler aneigneten und für ihre Zwecke nutzten, indem sie bspw. Kirchen oder Klöster zu Moscheen umfunktionierten. In einigen Fällen wurden auch Bauwerke zerstört, um mit den Steinen Wohnhäuser zu bauen; Serben, die diesen Handlungen Einhalt hätten gebieten können, waren kaum mehr vorhanden, und den Türken bzw. Osmanen konnte es nur recht sein, wenn die Spuren der serbisch-orthodoxen und ergo christlichen Vergangenheit sukzessive dem Erdboden gleichgemacht wurden.

Wenige Jahre nach Titos Tod wurden im Kosovo Stimmen laut, die vom Zentralkomitee der KP Jugoslawiens forderten, gegen eine Politik der Ausgrenzung zum Nachteil der serbischen Bevölkerung vorzugehen. Die Serben beklagten, man würde sie von sämtlichen wichtigen Positionen in der Provinzverwaltung fernhalten und sie überhaupt aufgrund ihrer ethnischen Zugehörigkeit systematisch im öffentlichen Leben schikanieren. »Weitere Unruhen führten dann immer mehr zu einer Polarisierung der beiden Volksgruppen im Kosovo. Serbische und montenegrinische Einwohner wurden geschlagen, ihre Häuser in Brand gesetzt und ihre Geschäfte geplündert. Die öffentliche Meinung Serbiens wandte sich scharf gegen das albanische Bildungssystem im Kosovo, vor allem gegen die Universität in Priština, die als Hochburg der Entstehung des albanischen Nationalismus gesehen wurde. Im Gegenzug gab man dem serbischen, montenegrinischen und mazedonischen Nationalismus großen Antrieb« (Krisch 2007, S. 8).

Der damalige Parteivorsitzende des ›Bundes der Kommunisten Serbiens‹, Slobodan Milošević, hatte sich nach einem Besuch vor Ort im April 1987 über die Lage informieren lassen, als serbische Nationalisten die Gelegenheit nutzten und sich während einer proserbischen Demonstration mit der fast vollständig aus Albanern bestehenden Polizei heftige Gefechte lieferten. Unmittelbar darauf, getrieben von der hochexplosiven Spannung, die im Moment der Auseinandersetzungen vorherrschte, erklärte Milošević vor laufenden Fernsehkameras, dass niemand das Recht habe, die Serben im Kosovo zu schlagen: eine Brüskierung gegenüber Azem Vllasi, dem Chef des

Bundes der Kommunisten im Kosovo, der ebenfalls anwesend war. Zugleich ein eklatanter Verstoß gegen Titos Grundsatz, niemals Partei für eine bestimmte Volksgruppe zu ergreifen – unabhängig davon, ob und wie die Albaner den Serben im Kosovo das Leben schwer machten. Der Tenor war seit der Gründung der ›Sozialistischen Föderativen Republik Jugoslawien‹ klar: Mit Nationalisten würde man nie verhandeln!

Milošević jedoch mißachtete dieses eherne Prinzip, indem er serbischen Wortführern das Versprechen gab, sie anzuhören, wobei er die Warnungen des Präsidenten der Sozialistischen Republik Serbien, Ivan Stambolić, in den Wind schlug, der ihn auf die Gefahren seines Kurses aufmerksam machte. Als Reaktion darauf wurde Stambolić politisch kaltgestellt, indem man ihn auf dem VIII. Plenum des Zentralkomitees der Kommunistischen Partei Jugoslawiens im September 1987 entmachtete (vgl. Melčić 2007, S. 332-344).

Binnen kürzester Zeit hatten Slobodan Milošević und sein engster Stab, allen voran der Vorsitzende des Staatspräsidiums (das kollektive Staatsoberhaupt mit je einem Vertreter aus den Teilrepubliken und den autonomen Provinzen), Borisav Jović, die Macht in Serbien übernommen. Als nächster Schritt folgte die faktische Aufhebung des Autonomiestatus' beider Provinzen, womit die Vojvodina und der Kosovo wieder unter die absolute Regierungsgewalt Belgrads fielen.

3.2. Zerfall der ›Brüderlichkeit und Einigkeit‹

Der 22. Januar 1990 markierte den eigentlichen Höhepunkt der Krise, die Jugoslawien in den Bürgerkrieg stürzen sollte. Im Zuge des 14. Kongresses des Bundes der Kommunisten Jugoslawiens, der vom 20. bis 22. Januar in Belgrad stattfand, verließen sowohl die slowenische als auch die kroatische Delegation vorzeitig die Bühne. Der Leiter der slowenischen Delegation, Ciril Ribičič, erklärte die Fortsetzung des Kongresses als sinnlos, solange sämtliche Anträge ihrerseits *a priori* abgeschmettert würden. Die Slowenen setzten sich für eine fundamentale Veränderung des politischen Systems in Jugoslawien ein, wozu die Demokratisierung nach westlichem Vorbild gehörte. Im Umkehrschluss bedeutete dies das Ende des Sozialismus und damit zugleich die Beendigung der Alleinherrschaft des Bundes der Kommunisten. Ein Szenario, vor dem gerade Slobodan Milošević graute, denn eine Teilung der Macht stand nun absolut nicht auf seiner politischen Agenda.

Soeben hatte man die Situation im Kosovo, nachdem aufgrund der Aufhebung der Autonomie und etlichen Verhaftungen ›konterrevolutionärer‹ Politiker aus den Reihen der albanischen Volksgruppe Aufstände ausgebrochen waren, wieder einigermaßen unter Kontrolle bekommen, und die Pläne von Milošević und dessen Kamarilla liefen den Vorstellungen Sloweniens geradezu diametral zuwider. Der Nachfolger des abgesetzten Präsidenten Stambolić wollte den – sozialistischen – Gesamtstaat Jugoslawien um jeden Preis aufrechterhalten, und »er forderte die Abschaffung der Verfassung von 1974, die den Teilrepubliken [*de jure*; Anm. A.N.] weitergehende Autonomierechte gewährte« (Hinsch/Janssen 2006, S. 124). Darüber hinaus verlangte er, dass zukünftig jede einzelne Stimme zur Verabschiedung einer Vorlage im Kongress zählen sollte. Das hätte jedoch zur Folge gehabt, dass die serbischen Delegierten mehr oder weniger ständig im Vorteil gewesen wären, da sie sowohl den Kongress als auch die jugoslawische Regierung dominierten. Eine Situation, die Slowenien und Kroatien niemals gutheißen konnten, wobei hier auch historische Aspekte eine nicht unerhebliche Rolle spielten. Bereits die Aufhebung der Autonomie in den beiden serbischen Provinzen kratzte enorm an der vielzitierten ›Brüderlichkeit und Einigkeit‹, verkörperte Serbien doch nach diesem Schritt erneut die flächenmäßig größte Republik in Jugoslawien und erhielt dadurch automatisch mehr politisches Gewicht. Man befürchtete seitens der Slowenen und Kroaten eine ›Serbisierung‹ des Vielvölkerstaats, zumal sich die Serben in der Vergangenheit, d.h. vor der Gründung ›Tito-Jugoslawiens‹, insbesondere durch Krieg als Gewinner hervorgetan hatten, im Frieden dann aber als Verlierer dastanden (vgl. Ćosić/Đukić 1991, S. 182).

Die Tatsache, dass Milošević den 14. Kongress auch ohne slowenische Beteiligung fortsetzen wollte, bewog den Vorsitzenden der kroatischen Delegation Ivica Račan, damals Präsident des Kommunistischen Bundes Kroatiens, den Kongress ebenfalls mit seiner Gefolgschaft geschlossen zu verlassen. Der Bund der Kommunisten Jugoslawiens war endgültig im Begriff sich aufzulösen.

Slowenien zog aus dem Kongress die Konsequenz, Reformen auf lokaler Ebene durchzuführen und bereits im April 1990 demokratische Wahlen abzuhalten. Zu diesem Zweck wurde die ›Demokratische Opposition Sloweniens‹ gegründet, ein Wahlbündnis verschiedener reformistischer Parteien, das die Kommunisten deutlich schlagen konnte. Die neue ›Republik Slowenien‹ wurde dann nach Abhaltung eines Referendums im Dezember 1990, als sich fast 90 Prozent der Slowenen für die volle Eigenstaatlichkeit aussprachen, am 25. Juni 1991 offiziell für unabhängig erklärt, nachdem ein letzter Versuch zu Verhandlungen über die künftigen Beziehungen zwischen Belgrad und Ljubljana gescheitert waren. Unmittelbar nach der endgültigen Trennung Sloweniens vom jugoslawischen Vielvölkerstaat erhielt die Jugoslawische Volksarmee (JNA) den Befehl, die Abtrünnigen anzugreifen.

Es wurde ein Krieg von sehr kurzer Dauer (sog. ›Zehn-Tage-Krieg‹), in dessen Verlauf die von Serben dominierte JNA zahlreiche kroatische und bosnische Soldaten verlor, aber nicht, weil sie etwa im Kampf gefallen wären. Die Soldaten hatten es vorgezogen, sich den in Windeseile aufgestellten slowenischen Truppen ohne größere Schusswechsel zu ergeben, da sie den Unabhängigkeitsbestrebungen des ökonomisch stärksten und nunmehr ehemaligen jugoslawischen Teilstaats positiv gegenüberstanden. Schließlich hatte sich auch Kroatien just am 25. Juni 1991 für unabhängig erklärt, was die Teilnahme kroatischer Soldaten, die nach wie vor ihren Dienst in der JNA versahen, grundsätzlich in Frage gestellt hatte.

Dieser erste von insgesamt vier Kriegen in den 1990er Jahren auf dem Balkan ging noch verhältnismäßig glimpflich aus. Nach zehn Tagen Gefecht und etwas über 50 Toten sowie ein paar Hundert Verletzten wurde ein Waffenstillstand ausgehandelt, dem das sog. ›Brioni‹-Abkommen folgte, worin sich die slowenische und die kroatische Seite verpflichteten, den weiteren Prozess der Unabhängigkeit für die Dauer von drei Monaten zu unterbrechen, während die JNA auf der anderen Seite ihre Truppen abziehen würde.

Ein entscheidender Vorteil für die Slowenen war deren eigene homogene Bevölkerungsstruktur, an der die Serben einen Anteil von lediglich 2 Prozent besaßen. Ganz anders in Kroatien, wo rund 12 Prozent Serben lebten, die sich den Unabhängigkeitsbemühungen Kroatiens massiv widersetzten. Auch hier spielte die Geschichte eine bedeutende Rolle, denn mit der drohenden Abspaltung Kroatiens von Jugoslawien kamen, vor allem in der älteren serbischen Bevölkerung, die das Ustaša-Regime noch miterlebt hatte, begründete Ängste vor einer Wiederholung der Geschichte auf. Obschon der Präsident der Noch-Teilrepublik Kroatien, Franjo Tuđman, im Zweiten Weltkrieg an der Seite Titos gegen die Faschisten gekämpft hatte, ließ er an seiner politischen Geisteshaltung keine Zweifel offen. Bei einer Wahlveranstaltung seiner nationalistischen Partei HDZ im Jahr 1990 erklärte er, dass er froh sei, nicht mit einer Jüdin oder Serbin verheiratet zu sein; Tuđman setzte noch eins drauf, indem er Folgendes sagte:»Juden rufen Neid und Hass hervor, sind stets das Opfer sowohl ihrer eigenen als auch fremder Ansprüche. Doch wer versucht, darauf aufmerksam zu machen, dass sie selbst die Quelle ihrer jüdischen Tragödie sind, ruft den Hass des Judentums hervor.«

Die offen antisemitischen Äußerungen des kroatischen Staatschefs waren das Eine. Als Tuđman aber seine eigenen Thesen zum Konzentrationslager Jasenovac in die Öffentlichkeit trug (festgehalten in seinem Buch *Irrwege der Geschichtswirklichkeit*, erschienen zum ersten Mal 1989), kriegten es die Serben in Kroatien und auch darüber hinaus erst recht mit der Angst zu tun. Tuđman betätigte sich in seinem Buch als eifriger Revisionist der jüngeren kroatischen Geschichte, indem er bspw. den Genozid an den Serben herunterspielte und Jasenovac zum reinen Arbeitslager verklärte. Es ging Tuđman darum,»ein numerisch nicht lückenlos dokumentierbares Verbrechen in seinen Ausmaßen zu bagatellisieren oder gänzlich zu negieren« (Benz 2010, S. 206), und wie um seinen Tiraden noch die Krönung zu verpassen, verfügte er, dass die alte kroatische Flagge mit dem Schachbrettmuster wieder eingeführt wurde: eine offensichtliche Brüskierung der Ustaša-Opfer, die exakt diese Fahne in besonders übler Erinnerung hatten, denn für die Serben besaß das kroatische Schachbrett eine ähnliche Bedeutung wie das Hakenkreuz für die Juden.

Unter diesen Eindrücken wurde in der Krajina, einem Gebiet in Kroatien an der ehemaligen Militärgrenze des Habsburger Imperiums zum Osmanischen Reich, von den überwiegend serbischen Einwohnern (deren Vorfahren noch von den Osmanen zur Verteidigung der Grenze angesiedelt worden waren) ein Referendum zur Loslösung von Kroatien lanciert. Es wurde schließlich die ›Republik Serbische Krajina‹ ausgerufen mit der Absicht, sich mit dem Mutterland Serbien zu vereinen. Schon bald nach der Proklamation fanden erste bewaffnete Auseinandersetzungen vor allem mit der kroatischen Polizei statt, indem die ›Krajina-Serben‹ Blockaden und Straßensperren errichteten. Der eigentliche Kriegsausbruch in Kroatien erfolgte bei den Plitvicer Seen in der Nähe der Grenze zu Bosnien und Herzegowina, als serbische Rebellen und Einheiten der kroatischen Polizei aufeinandertrafen. Und bald schon zeigte sich, dass die Ängste der Krajina-Serben inbezug auf die faschistische Vergangenheit Kroatiens durchaus begründet waren.

Die Verfassung der neuen ›Republik Kroatien‹ beinhaltete neben der Verwendung alter Symbole, die »bereits den Ustaša-Staat zierten« (Geiss/Intemann 1995, S. 56), eine rechtlich abgesicherte Grundlage zur Diskriminierung insbesondere der serbischen Minderheit. Dahinter stand die Absicht, sämtliche wichtigen Institutionen, die zur Aufrechterhaltung der Ruhe, Ordnung und Sicherheit dienten, systematisch von Serben zu ›säubern‹. Diese Strategie der Ausgrenzung dehnte sich auch auf Wirtschaft und Tourismus aus, wo die Leute entlassen wurden, nur weil sie Serben waren. Aufgrund der hohen Präsenz von Serben innerhalb dieser Institutionen und Behörden waren Massenentlassungen die logische Folge, und die wiederum trugen zu einer massiven Verschärfung der ohnehin schon konfliktbeladenen Situation bei.

Der Vertreibung der Serben aus dem wirtschaftlichen Leben folgte die faktische Bedrohung an Leib und Leben, die in der sog. ›Kristallnacht‹ von Zadar, einer Hafenstadt im Süden Kroatiens, gipfelte, als große Teile der kroatischen Bevölkerung Jagd auf Serben und deren Geschäfte machten. Hierbei wurden in einer organisierten Aktion innerhalb weniger Stunden über hundert serbische Ladenlokale im Zentrum von Zadar und Umgebung zerstört. »Man sei ganz systematisch vorgegangen, habe jeweils durch einen Trupp Schläger einen Straßenzug abgeriegelt und dann alles zertrümmert, was sich darin an Serbischem befunden habe; und zuletzt sei dann noch alles geplündert und ausgeräuchert worden. All das habe nicht nur vor den Augen der Polizei stattgefunden, diese habe die Operation sogar koordiniert!« (Köpruner 2010, S. 42ff.).

Der Pogrom gegen die serbische Bevölkerung von Zadar fand seine Fortsetzung am 16. Oktober 1991 in der Stadt Gospić in der Region Lika-Senj, als wiederum über hundert serbische Zivilisten von Einheiten der kroatischen Armee gefoltert und getötet wurden und dieses Massaker bemerkenswerterweise in den Medien des Westens kaum Beachtung fand. Stattdessen erfolgte in den meisten Presseorganen bald darauf ein regelrechter, geradezu propagandistischer Feldzug gegen die Serben, dessen Urhebern unterstellt werden musste, dass sich eine günstige Gelegenheit anerbot, ein (zwar unsachgemäßes aber eben spektakuläreres) Schema zu erstellen, das die eine Volksgruppe in ein gutes, die andere in ein schlechtes Licht stellte. Der Krieg in Bosnien eröffnete einer bewusst eindimensional gehaltenen Berichterstattung und Dämonisierung der Serben ungeahnte Möglichkeiten.

3.3. Reziprozität der Gewalt

Als der Krieg in Kroatien bereits in vollem Gang war, wuchsen auch die Spannungen zwischen den verschiedenen ethnischen Volksgruppen in Bosnien und Herzegowina. Obwohl noch im Juli 1991 Vertreter aus Serbien, Montenegro und Bosnien den Versuch unternahmen, Jugoslawien in Form eines Verbunds von gleichberechtigten Völkern und Republiken als kompletten Staat zu retten, griffen die kriegerischen Auseinandersetzungen im Herbst desselben Jahres auf das Gebiet Bosnien und Herzegowinas über. Serben und Kroaten lieferten sich erste Gefechte auf dem Boden des Vielvölkerstaates in Miniaturausführung

mit dem Ziel, ihre jeweiligen territorialen Ansprüche zu verteidigen – oder gar auszubauen.

Die Auflösung des Bundes der Kommunisten Jugoslawiens
kurze Zeit nach dem letzten Kongress im Januar 1990 führte
zur Bildung mehrerer Parteien im gesamten Vielvölkerstaat.
Bevor die einzelnen Teilrepubliken jeweils ihre Unabhängigkeit erklärt hatten (Mazedonien folgte Slowenien und Kroatien
im Oktober 1991, während Montenegro sich zu Jugoslawien
bekannte), gründeten sowohl ehemalige Genossen des Bundes
der Kommunisten, die zum Teil schon unter Tito aktiv waren,
als auch Dissidenten und Intellektuelle politische Parteien, deren Programme mitunter einen nationalistischen Kurs verfolgten. In Knin, der Hauptstadt der ›Republik Serbische Krajina‹,
wurde etwa die ›Serbische Demokratische Partei‹ auf Betrei-
ben des Psychiaters Jovan Rasković aus der Taufe gehoben.
Hauptmotiv für die SDS (*Srpska Demokratska Stranka*) war
hierbei der Schutz der serbischen Interessen vor dem wachsen-
den Nationalismus Kroatiens, dessen staatstragende HDZ pro-
nonciert nationalistisch ausgerichtet war, zumal sie sich nie von
der faschistischen Vergangenheit Kroatiens distanziert hatte,
sondern eher darauf bedacht war, die Ustaša zu rehabilitieren.

Auf muslimischer Seite bildete sich unter der Führung des
religiös-ideologischen ehemaligen Oppositionellen Alija Izetbegović die ›Partei der demokratischen Aktion‹ (SDA), die für
sich in Anspruch nahm, alle Muslime Jugoslawiens zu vertreten und »die eindeutiger als die kroatisch-nationalistische HDZ
und serbisch-nationalistische SDS für einen religiösen Nationalismus steht« (Wettach-Zeitz 2007, S. 98). Izetbegović hatte
seine Vorstellungen einer ›idealen‹ Gesellschaft bereits 1970
in seiner ›Islamischen Deklaration‹ festgehalten, einem Mani-
fest, das sowohl dem Laizismus eine Absage erteilte als auch
eine islamische Gesellschaftsordnung propagierte, die sich jeglicher Modernisierung und Reform des Glaubens enthalten

sollte. Im Weiteren führte Izetbegović aus, dass der Islam unvereinbar sei mit nicht-islamischen Systemen; es könne keinen Frieden und keine Koexistenz zwischen dem ›islamischen Glauben‹ und den nicht-islamischen Gesellschaften und politischen Institutionen geben (vgl. Izetbegović 1990, S. 30).

Bei den ersten freien Wahlen am 18. November 1990 gingen die SDA, SDS und die HDZ BiH (als Ableger der kroatischen HDZ von Franjo Tuđman) als Sieger hervor; die Folge war eine Koalition, bestehend aus den drei Parteien, die aufgrund der zum Teil diametral vertretenen Positionen schon von Beginn weg äußerst fragil war und prompt zum Bruch führte, als auch Jugoslawien auseinanderfiel. Zuvor wurde im Oktober 1991 im Sarajevoer Parlament die Forderung laut, in Bosnien-Herzegowina die Souveränität per Referendum gesetzlich zu verankern, um Belgrad in die Schranken zu weisen bzw. die Jugoslawische Volksarmee außer Landes zu wissen. Die SDS unter ihrem neuen Vorsitzenden, dem Sarajevoer Psychiater Radovan Karadžić, verweigerte sich, zumal sie eine Abspaltung vom immer noch existierenden Staat Jugoslawien ablehnte. Die bosnischen Serben, die etwa ein Drittel der Bevölkerung in Bosnien-Herzegowina ausmachten, riefen zum Boykott auf, doch das Referendum kam im März 1992 schließlich zustande. Am 5. März erklärte Bosnien seine Unabhängigkeit, und Karadžić verlagerte den Schwerpunkt der SDS nach Pale, dem Hauptort der im Januar ausgerufenen ›Serbischen Republik‹ (Republika Srpska); die meisten Abgeordneten der SDS hatten das Parlament in Sarajevo bereits vor der Unabhängigkeitsverkündung – die Karadžić als Kriegserklärung an die Serben interpretierte – verlassen.

Noch bevor die Abstimmung erfolgt war, entbrannten bereits bewaffnete Auseinandersetzungen zwischen bosnischen Serben und der aus Kroaten und Muslimen bestehenden bosnischen Miliz. Ausschlaggebend für die anschließende Eskalation der Gefechte war letztlich die Annahme des Referendums, zumal sowohl die Europäische Gemeinschaft (6. April) als auch die USA (7. April) die Unabhängigkeit anerkannten. Serbien und Montenegro, die beiden letzten jugoslawischen Teilrepubliken, konstituierten sich daraufhin zur neuen ›Bundesrepublik Jugoslawien‹, wodurch die Präsenz von Truppenteilen der Jugoslawischen Volksarmee auf bosnischem Boden als Besatzung gesehen wurde (vgl. Bendiek 2004, S. 58ff.). Die Bildung einer eigenen Armee auf dem Boden der Serbischen Republik vollzog sich in der unmittelbaren Folge relativ schnell, da Karadžić von Milošević unterstützt wurde und sich nach wie vor stationierte Einheiten der JNA in Bosnien befunden hatten.

Die neue ›Armee der Serbischen Republik‹ VRS (*Vojska Republike Srpske*) setzte sich aus regulären Teilen der JNA und Freiwilligenverbänden zusammen, die von dem ehemaligen Militärakademie-Absolventen Ratko Mladić geführt wurden. Die Gegenseite formierte eine Armee, bestehend aus ehemaligen Soldaten der bosnischen Territorialverteidigung, Verbänden aus Freischärlern und Reservisten der Polizei. Da die JNA bereits in Titos Tagen auf dem Gebiet Bosniens und der Herzegowina Depots und Stützpunkte mit leichter und schwerer Artillerie eingerichtet hatte (die alte jugoslawische Staatsführung war darauf bedacht, im Fall eines ›konterrevolutionären‹ Aufstands sofort militärisch einschreiten zu können) und die VRS mit Kriegsmaterial der JNA versorgt wurde bzw. auf das Material zurückgreifen konnte, nachdem die JNA aus Bosnien abgezogen worden war, eroberten die bosnischen Serben unter Mladić bis Ende 1992 etwa 70 Prozent des gesamten Territoriums.

Indessen waren die Allianzen zwischen Kroaten und Bosniaken (Muslime) bemüht, den serbischen Vorstoß zu bremsen, jedoch nicht ohne sich gegenseitig zu bekämpfen, wie etwa das Beispiel der südbosnischen Stadt Mostar zeigte, als kroatische Truppen die Stadt beschossen und in der Region Massaker an der Zivilbevölkerung verübten. Ziel der Aktionen war die ethnische Säuberung von Muslimen in der sogenannten ›Herceg-Bosna‹, die von den Kroaten 1993 als autonome Republik – mit Mostar als Hauptort – proklamiert worden war mit der Absicht, diese zu einem späteren Zeitpunkt an das Mutterland Kroatien anzugliedern. Radovan Karadžić und die bosnischserbische Führung hingegen trachteten mit den Gebietserweiterungen der VRS nach einem Anschluss des Territoriums im Osten mit der Bundesrepublik Jugoslawien, wobei der Norden mit der Stadt Brčko eine maßgebliche Rolle spielte; Brčko diente als Verbindungskorridor zwischen dem Westen der Serbischen Republik mit dem Osten und wurde deshalb heftig umkämpft.

Auf serbischer Seite zeichneten insbesondere die nur schwer zu kontrollierenden paramilitärischen Verbände verantwortlich für Säuberungsaktionen, so etwa die ›Serbische Freiwilligengarde‹ des berüchtigten Anführers Željko Ražnatović, auch bekannt unter seinem Spitznamen ›Arkan‹, oder die ›Škorpioni‹, eine Spezialeinheit, die hauptsächlich aus Krajina-Serben bestand. Im Weiteren formierte sich zu Beginn der 1990er Jahre eine Bewegung, die die Ideale der alten Četnik-Kämpfer vertrat und später in die ›Serbische Radikale Partei‹ SRS (Srpska Radikalna Stranka) umfunktioniert wurde. Deren Gründer Vojislav Šešelj, Doktor der Rechte und ehemaliger Dissident im sozialistischen Jugoslawien, sollte wenige Jahre später mit Milošević eine Koalitionsregierung bilden, mit ihm – Šešelj – als Vizepremier.

Die dritte Kriegspartei schließlich, die muslimischen Bosniaken, fiel in den geopolitischen Ansprüchen der Kroaten und Serben zwischen Stuhl und Bank: Mal verbündeten sich die Muslime mit der kroatischen Seite, mal bekämpften sie sich gegenseitig, wie überhaupt die Gesamtsituation im Verlauf des Bosnienkriegs kaum noch überblickt werden konnte. Alle drei

Parteien verübten zudem ohne Ausnahme exzessive Gewalt gegen ›den Feind‹, vor allem gegen die Zivilbevölkerung, die in serbisch, kroatisch und bosniakisch dominierten oder besetzten Gebieten unter zahlreichen Kriegsverbrechen litt. Ob von Seiten der Serben, Kroaten oder Muslime: Die Bevölkerung wurde in den jeweiligen Territorien nach der Eroberung zum Teil auf äußerst brutale Weise drangsaliert, es wurden massenhaft Frauen vergewaltigt und Vertreibungen zwecks ethnischer Homogenisierung durchgezogen sowie Massaker begangen. An dieser Stelle muss auf die bereits in einem frühen Stadium der Kriegssituation in Bosnien einsetzende, relativ tendenziöse Berichterstattung in den westlichen Medien hingewiesen werden, die sich spätestens seit dem Vorfall in der UNO-Schutzzone um die im Osten Bosniens gelegene Stadt Srebrenica praktisch nur noch auf eine Partei fokussierten: die Serben.

Schon zu Beginn des Jahres 1992 verabschiedeten die Vereinten Nationen eine Resolution zur Stationierung von Friedenstruppen in den umkämpften Gebieten zunächst Kroatiens, um die Sicherheit der Zivilbevölkerung zu gewährleisten, wobei vor allem die Absicht vorherrschte, die JNA zum Rückzug aus besagten Gebieten zu bewegen. Die Zonen selbst sollten lediglich von den Friedenstruppen, den sogenannten ›Blauhelmen‹, militärisch überwacht werden, und es wurden entsprechende Vereinbarungen zwischen der UNO und den Kriegsparteien getroffen, die mitunter gebrochen wurden, wie etwa im Januar 1993, als Teile der kroatischen Armee in den südlichen Sektor (man hatte nach der Ausdehnung der Kriegssituation in Bosnien vier Sektoren – Nord, Ost, Süd, West – geschaffen) eingedrungen waren (vgl. Mutić/Marić 2013, S. 318).

Im Zuge der Gefechte im Osten Bosniens hinterließen die muslimischen Bosniaken von Mai 1992 bis Februar 1993 eine Spur der Verwüstung, als die Streitkräfte Izetbegović' unter dem Kommando des ehemaligen Polizisten und Leibwächters von

Slobodan Milošević (!), Naser Orić, mindestens 50 serbische Dörfer in der Umgebung von Bratunac und Skelani dem Erdboden gleichgemacht hatten (vgl. Rathfelder 2007, S. 57ff). Die Bewohner wurden vertrieben, zahlreiche ermordet und einige von ihnen in Srebrenica auf der Polizeistation gefoltert, indem sie etwa mit Metallstangen verprügelt oder ihnen mit rostigen Zangen die Zähne gezogen wurden. Die Säuberungszüge von Orić' Truppen gipfelten schließlich am 7. Januar 1993 im Massaker von Kravica, einem von Serben bewohnten Dorf in der Nähe der Stadt Bratunac. Die Muslime hatten sich bewusst den Tag des serbisch-orthodoxen Weihnachtsfestes ausgesucht, um binnen kurzer Zeit das komplette Dorf zu plündern, etliche Häuser – inklusive der Kirche – zu zerstören und vom Kleinkind bis zur alten Frau rund 50 Menschen zu töten (vgl. Gansel/ Kaulen 2011, S. 78). Die ›Aktionen‹, wie sie von Orić und seinen Untergebenen bezeichnet wurden, forderten mehrere Hundert serbische Opfer sowie unzählige Vertriebene. Nahezu sämtliche serbischen Einwohner von Srebrenica ergriffen die Flucht, sodass die Stadt praktisch nur noch von Muslimen bewohnt war, denen eine entbehrungsreiche Zeit bevorstand; die Armee der bosnischen Serben hatte bereits damit begonnen, die Stadt von den umliegenden Bergen aus zu belagern.

Im März 1993 – während die Serben Srebrenica verlassen hatten, suchten die muslimischen Flüchtlinge vor dem Vormarsch der bosnisch-serbischen Truppen in der Stadt Zuflucht, sodass die Zahl der sich in Srebrenica aufhaltenden Menschen rasch nach oben stieg – entsandten die Vereinten Nationen Hilfstruppen in das Gebiet bzw. die Stadt, deren Lage sich dramatisch schnell verschlechterte. Der UN-Sicherheitsrat erklärte Srebrenica in der Resolution 819 vom 16. April 1993 schließlich zur Schutzzone; das ›Dutchbat‹, das niederländische Truppenkontingent der UNPROFOR (United Nations Protection Force), wurde zum Schutz der Zivilbevölkerung vor Ort bzw.

in dem wenige Kilometer von Srebrenica entfernten Dorf Potočari stationiert. Das Eintreffen des Bataillons wurde begleitet von Misstönen seitens einiger aufgebrachter Frauen, die der kaum noch vorhandenen serbischen Minderheit angehörten und ihren Unmut gegenüber den Vereinten Nationen zum Ausdruck brachten. Sie beklagten die ihrer Meinung nach einseitigen Unterstützungsmaßnahmen zugunsten der muslimischen Bevölkerung Srebrenicas, während die Serben im Zuge der Orić-Streifzüge im Stich gelassen worden seien. In der Presse wurde stattdessen der Eindruck vermittelt, die serbischen Frauen würden die Blauhelme ›einfach so‹ attackieren, diese quasi der Einmischung in fremde Angelegenheiten bezichtigen. Dass diese Frauen jedoch ihre Angehörigen durch die muslimischen Mordkommandos, die zudem Teil der regulären bosniakischen Armee waren, verloren hatten, schien der überwiegenden Mehrheit der Journalisten nicht erwähnenswert zu sein. Die Berichterstattung konzentrierte sich auf die Lage der Muslime in Srebrenica und die Belagerung der Stadt durch die VRS, die eine Taktik der Zermürbung verfolgte.

Am 11. Juli 1995, über zwei Jahre nach der Deklaration Srebrenicas zur UN-Schutzzone, nahmen die Serben die Stadt schließlich ein, wobei von einer ›Einnahme‹ im eigentlichen Sinn gar nicht gesprochen werden konnte; das Dutchbat hatte den Serben das Feld überlassen, und die Truppen des Naser Orić sowie er selbst waren schon vorher geflohen. Der Präsident der Serbischen Republik, Radovan Karadžić, hatte im Rahmen der sogenannten ›Direktive 7‹ vom 8. März 1995 angeordnet, »durch geplante und wohl durchdachte Kampfoperationen eine unerträgliche Situation der vollständigen Verunsicherung der Bevölkerung von Srebrenica sowie Žepa [einer weiteren muslimischen Enklave] zu schaffen« (Konle 2010, S. 163; Einfügung: A.N.). Karadžić führte aber nicht näher aus, wie diese Maßnahmen im Detail aussehen sollten, sodass jedenfalls keine nachweisbaren Befehle bezüglich eines Massenmordes an den männlichen Muslimen erfolgt sein konnten – ob dieser jetzt tatsächlich in der Form verübt worden war, wie überall kolportiert wurde, oder nicht.

Tatsache ist, dass die Ereignisse während und vor allem nach der Übernahme der Stadt durch die VRS einige Fragen aufwerfen, die eher in den Bereich der Grauzone eingeordnet werden müssen, als dass sie einer Schwarzweiß-Schematisierung standhalten können. So muss grundsätzlich die immer wieder ins Feld geführte Opferzahl von 7.500 bis 8000 (die herumgereichten Zahlen schwanken mitunter sehr stark) kritisch hinterfragt werden, zumal 3000 der auf einer Liste des Internationalen Roten Kreuzes vermissten Personen im Herbst 1996 im Zusammenhang zu den Wahlen in Bosnien-Herzegowina auf Wählerlisten in Erscheinung getreten sein sollen. Dies geht aus einer Dokumentation hervor, die der emeritierte Belgrader Professor für Geschichte, Milivoje Ivanišević, erstellt hatte, als er die Namen der Vermissten mit denjenigen auf besagten Wählerlisten verglich. Demgegenüber steht der norwegische Bevölkerungswissenschaftler Helge Brunborg, der im Verlauf des Strafverfahrens gegen den VRS-General und Kommandanten des Drina-Korps, Radislav Krstić, in Den Haag Ivanišević' Bericht über die wieder aufgetauchten Muslime diametral widersprach (vgl. Bogoeva/Fetscher 2002, S. 215f).

Geradezu monströs mutet der Vorwurf an, Bosniens Präsident Izetbegović habe auf Anraten des damaligen US-Präsidenten Bill Clinton ein Massaker in Srebrenica ganz bewusst in Kauf genommen bzw. gar indirekt gesteuert, weil laut Clinton die NATO erst eingreifen und die bosnischen Serben bombardieren würde, wenn mindestens 5000 Muslime getötet worden seien. Wenn diese ungeheuerliche Behauptung ohne geringste Anhaltspunkte in den Raum gestellt worden wäre, müsste man sie – gelinde gesagt – sehr kritisch werten. Sie stammte jedoch vom ehemaligen Polizeichef von Srebrenica, dem Bosniaken Hakija Meholjić, der sie in einem Interview mit dem bosnischen Nachrichtenmagazin *Dani* vom 22. Juni 1998 äußerte. Laut Meholjić habe ihm Izetbegović anvertraut, dass Clinton bereits im April 1993, fast zweieinhalb Jahre vor Srebrenica, vorschlug, die Serben daselbst einmarschieren und wie erwähnt 5000 muslimische Zivilisten ermorden zu lassen; dann besäße das westliche Verteidigungsbündnis die notwendige Legitimation, gegen die bosnischen Serben vorzugehen.

Izetbegović wurde später dazu einvernommen, stritt aber erwartungsgemäß ab, jemals eine derartige Unterhaltung mit Bill Clinton geführt zu haben. Hingegen gestand er kurz vor seinem Tod 2003 ein, gegenüber den USA wider besseres Wissen von Vernichtungslagern in serbisch besetzten Gebieten gesprochen zu haben. Izetbegović erhoffte sich dadurch die Beschleunigung einer militärischen Intervention der NATO, und man kann sich durchaus die berechtigte Frage stellen, weshalb der Islamist Izetbegović seine Glaubensbrüder und -schwestern nicht hätte opfern sollen, um seine Ziele erreichen zu können, wenn er schon in bezug auf Gefangenenlager – die zudem auch auf kroatischer und muslimischer Seite existierten – gelogen hatte und serbische Lager auf dieselbe Ebene mit Treblinka, Sobibor oder Belzec stellte.

Auf der anderen Seite gibt es einige Indizien, die in der Tat für einen Massenmord in den Tagen nach der Übergabe Srebrenicas an Ratko Mladić sprechen; zumindest muss man die Möglichkeit in Erwägung ziehen, bei allen Zweifeln betreffend der Darstellung in den Medien und politischen Beurteilungen, die vor allem von einer veritablen ›Serbophobie‹ getragen wurden und immer noch werden. Es lässt sich nicht leugnen, dass eine Reihe von Zeugenaussagen, die im Verlaufe diverser Strafverfahren gegen serbische Akteure getätigt wurden, glaubhaft erscheinen, gerade im Zusammenhang mit Kriegsverbrechen, die allerdings auch von Serben begangen wurden. Es herrschte Bürgerkrieg, wo – wie Radovan Karadžić in einem Interview mit dem Nachrichtenmagazin *Der Spiegel* vom 25. Januar 1993 sagte – jeder jeden hasste. Die Wechselseitigkeit der Gewalt ist charakteristisch für einen Bürgerkrieg und ungleich ausgeprägter als in anderen Kriegen, die zwischen verschiedenen Staaten geführt werden. Insofern entbehren gegenseitige Massaker namentlich unter der Zivilbevölkerung nicht einer gewissen Logik, zumal sie in der Geschichte immer wieder in Erscheinung traten.

Während Karadžić, der 2008 nach dreizehnjähriger Flucht in Belgrad gefasst wurde, bislang keine offensichtliche Einflussnahme auf die Kriegsverbrechen in Srebrenica nachgewiesen werden konnte, dürfte es Mladić, dessen Festnahme 2011 in einem Dorf in Serbien erfolgte, ungleich schwerer fallen, seine Unschuld zu beweisen. Denn Mladić hatte den Fehler gemacht, sich beim Einmarsch in Srebrenica von einem Fernsehteam filmen zu lassen, und als er in Begleitung einiger Offiziere, darunter General Krstić, durch die verlassenen Straßen schlenderte und nebenbei einem Lakaien den Befehl erteilte, ein Straßenschild mit dem Namen ›Selmanagić‹ zu entfernen, sagte er folgende Worte in die Kamera: »Am Vorabend eines großen serbischen Feiertags geben wir der serbischen Nation Srebrenica als Geschenk. Endlich ist der Tag gekommen, nach dem Aufstand gegen die türkischen Tyrannen Rache an den Moslems zu nehmen!« Selbstverständlich können grundsätzlich nicht automatisch entsprechende Schlüsse aus solchen martialisch anmutenden Worten gezogen werden, doch im Fall von Srebrenica erscheinen sie wie eine relativ eindeutige Ankündigung für die Dinge, die dann folgten.

Dass in Srebrenica und der näheren Umgebung einige Tausend Zivilisten ermordet wurden, ist keine Behauptung, sondern eine Tatsache. Fraglich ist nur, wer wirklich die Verantwortung für das Massaker trägt. Mladić als Befehlshaber der

Armee der bosnischen Serben muss sich wohl oder übel den Vorwurf gefallen lassen, schon nur aufgrund seiner Aussage vor der Kamera entscheidend zu diesem Massenmord beigetragen zu haben, unabhängig davon, ob nun paramilitärische Truppen wie die Škorpioni die Erschießungen vorgenommen haben oder Teile der regulären Armee.

3.4. Das Tribunal und der Vertrag von Dayton

Bereits 1993 wurde durch den Sicherheitsrat der Vereinten Nationen ein internationales Tribunal ins Leben gerufen, um den Hinweisen auf mögliche Kriegsverbrechen auf dem Gebiet der ehemaligen Sozialistischen Föderation der Republik Jugoslawien nachzugehen. Neben eher rangniedrigen Angehörigen entweder der Armee der bosnischen Serben, Kroaten oder Bosniaken oder einer der zahlreichen Freischärlertruppen, die sich mutmaßlich der Verbrechen gegen die Menschlichkeit und anderer Vergehen schuldig gemacht hatten, wurden spätestens ab 1995, nach Srebrenica, auch politische und militärische Verantwortungsträger zur Verhaftung ausgeschrieben. So ergingen schon Ende Juli 1995, kurz nach den Ereignissen in Srebrenica, die Haftbefehle gegen Radovan Karadžić und Ratko Mladić wegen u.a. Völkermordes und Verbrechen gegen die Menschlichkeit. Die Ermittler nahmen ihre Tätigkeit in Den Haag, wo das Tribunal eingerichtet wurde, rasch auf und erhoben binnen nützlicher Frist gegen nicht weniger als 160 Personen, wovon fast zwei Drittel Serben bzw. bosnische Serben, Anklage.

Der neutrale Beobachter musste hierbei den Eindruck gewinnen, dass die Schuld der Serben im Verhältnis zu den anderen Volksgruppen um ein Vielfaches größer sei, doch diese Simplifizierung der Schuldzuweisung kann im Kontext zur außerordentlichen Komplexität gerade im Bosnienkrieg schlicht keinen Bestand haben. Die reinen Zahlen dürfen »nicht zur Annahme verleiten, dass Verstöße gegen das humanitäre Völkerrecht ausschließlich dem serbischen Element anzulasten sind« (Jäger 2005, S. 116), auch wenn gegenüber Angehörigen der serbischen Volksgruppe weitaus mehr Haftbefehle ausgestellt wurden, als dies bei Bosniaken und Kroaten – aber auch Montenegrinern und Mazedoniern – der Fall war (2011 wurde der letzte flüchtige mutmaßliche Kriegsverbrecher, der einstige Präsident der Republik Serbische Krajina, Goran Hadžić, verhaftet und nach Den Haag überstellt). Und es wurden bislang auch weitaus mehr Urteile gegen Serben in Relation zu den anderen Volksgruppen verhängt, während die meisten anderen wegen Kriegsverbrechen angeklagten Bosniaken, Kroaten und Albaner (diese jedoch erst mit dem Auftauchen der sogenannten ›Befreiungsarmee des Kosovo‹ vor und während des Kosovo-Kriegs 1999) einen Freispruch erhielten.

Es wäre gewiss vermessen zu behaupten, das Haager Tribunal würde vor einem politischen Hintergrund agieren und geradezu ausschließlich an den serbischen Angeklagten ein Exempel statuieren, während es sämtlichen anderen mutmaßlichen Kriegsverbrechern quasi eine Amnestie erteilte. Wenn jedoch bspw. ein Naser Orić, dessen verbrecherische Umtriebe von zahlreichen Zeugen vor Gericht bestätigt wurden, erst zu lediglich zwei Jahren Gefängnis verurteilt und im Berufungsverfahren sogar freigesprochen wird (selbst die damalige Chefanklägerin Carla del Ponte erachtete die Strafe als zu gering), dann könnte man als Serbe in der Tat an der Unvoreingenommenheit des Tribunals zweifeln.

Das Misstrauen sowohl gegenüber der Unparteilichkeit als auch der Effizienz des Tribunals wird zudem erhärtet durch die teilweise enorm lange Inhaftierung einzelner Verantwortungsträger, wie das Beispiel des Führers der Serbischen Radikalen

Partei zeigt. Vojislav Šešelj, der sich 2003 freiwillig gestellt hatte, wurde nach fast zwölf Jahren mehr oder weniger ergebnislos aus der Haft entlassen, weil er schwer erkrankte und eine adäquate Behandlung unter Haftbedingungen nicht gewährleistet werden konnte. Šešelj wurde nach Belgrad ausgeflogen, und er wird mit an Sicherheit grenzender Wahrscheinlichkeit nicht mehr nach Den Haag zurückkehren. Der eigentliche Skandal an Šešeljs Geschichte ist die Tatsache, dass man ihn zwölf Jahre lang in Haft behalten hat, obschon ihm faktisch nichts nachgewiesen werden konnte. Es wäre also durchaus realistisch gewesen, wenn man ihn hätte freisprechen müssen, was wiederum das Tribunal in seinen Grundfesten geradezu erschüttert hätte.

Zurück ins Jahr 1995. Derweil die verfeindeten Volksgruppen ungebrochen ihre Ziele, Zugewinn von Land und ethnische Säuberungen, weiterverfolgten und hierbei ebenso ungebrochen mit äußerster Brutalität vorgingen, wurde der Druck auf die westliche Staatengemeinschaft immer größer. Die Öffentlichkeit war nicht mehr bereit, den Geschehnissen in Bosnien länger zuzusehen, zumal die NATO-Bündnispartner nicht gewillt schienen, konsequent in die kriegerischen Auseinandersetzungen einzugreifen und stattdessen eine Politik des Zuwartens verfolgten. Ausschlaggebend für die Proteste gegen die Verzögerungstaktik der westlichen Mächte war schließlich ein Anschlag gegen Zivilisten auf dem Marktplatz von Sarajevo, als ein Granateneinschlag 38 Menschen das Leben kostete (vgl. Melčić 2007, S. 565).

Eine Untersuchung der UNO ergab, dass der Beschuss von einer serbischen Stellung aus erfolgt war, worauf am 30. August 1995, nur zwei Tage nach dem Attentat, die NATO mit Lufteinsätzen gegen Stellungen bei Goražde, Tuzla, Sarajevo, Pale und Mostar begann. Noch knapp vier Wochen zuvor, als die kroatische Armee während der Genfer Friedensverhandlungen zwischen serbischen und kroatischen Vertretern in die Krajina einmarschierte, 200.000 Serben vertrieb und etwa 10.000 tötete, geschah nichts dergleichen. Die UNO warf Kroatien am 21. August lediglich vor, die Menschenrechte verletzt und Plünderungen sowie Mord quasi goutiert zu haben, und erwartungsgemäß wies der kroatische Präsident Tuđman sämtliche Vorwürfe zurück.

Auf Vermittlung des US-Sondergesandten und Vizeaußenministers Richard Holbrooke wurden im November 1995, nach Beschluss eines Waffenstillstands, die Präsidenten der drei verfeindeten Parteien an den Verhandlungstisch gezwungen. Zu diesem Zweck begaben sich Tuđman für Kroatien, Izetbegović für Bosnien und Milošević für Serbien (Radovan Karadžić wurde als gesuchter Kriegsverbrecher nicht zu den Verhandlungen zugelassen) in die USA auf einen Luftwaffenstützpunkt in Dayton im Bundesstaat Ohio, wo sie während dreier Wochen zäh um die Aufteilung Bosnien-Herzegowinas rangen.

Obwohl begleitet von Rückschlägen aller Beteiligten gelang es den drei Staatschefs am 21. November, ein Friedensabkommen zu paraphieren, das am 14. Dezember von allen Parteien in Paris unterzeichnet wurde. Das Dayton-Abkommen sah u.a. vor, dass Bosnien-Herzegowina sowohl von Kroatien als auch der Bundesrepublik Jugoslawien als eigenständiger Staat mit zwei Teilrepubliken, sog. ›Entitäten‹, anerkannt wurde. Hierbei erhielt die Serbische Republik, nach wie vor mit Karadžić an der Spitze, 49 Prozent des Territoriums, während der Föderation Bosnien und Herzegowina 50 Prozent zugesprochen wurden; das verbleibende eine Prozent, der Distrikt Brčko, erhielt den Status einer Sonderverwaltung und wurde als Kondominium beiden Entitäten, also der Serbischen Republik und der Föderation, unterstellt. Damit war der Krieg in Bosnien zu Ende.

4. Wege des ›europäischen‹ Islam

4.1. Der Islam erreicht Europa

Kaum hundert Jahre nach seiner Entstehung auf der Arabischen Halbinsel stand der Islam in Form von kriegerischen Berberstämmen, zumeist aus dem nordafrikanischen Mauretanien, unmittelbar vor der ersten Landnahme auf dem europäischen Kontinent. Im Sommer des Jahres 711 unserer Zeitrechnung setzten die ›Mauren‹ genannten Muslime von Marokko nach der Iberischen Halbinsel über und bezwangen in einer mehrere Tage andauernden Schlacht am Rio Guadalete (eines Flusses im Südwesten Andalusiens) das Heer der ungefähr seit dem Jahr 418 in Spanien herrschenden Westgoten, ein ursprünglich aus dem Osten Germaniens stammendes Volk. Unter der Führung des zum Islam konvertierten Berbers Tariq ibn Ziyad eroberten die Mauren binnen wenigen Jahren die gesamte Halbinsel und nannten diese fortan ›al-Andalus‹ (von daher der Name Andalusien für die südlichste Region Spaniens).

Mit dem Tod König Roderichs (oder Rodrigo), der in besagter Schlacht fiel, endete das Reich der Westgoten, und nur einzelne Gebiete leisteten noch kurze Zeit Widerstand. Das rasche Vorpreschen der Muslime wurde nicht zuletzt begünstigt durch die Kooperation eines Teils westgotischer Adliger, die in Gegnerschaft zu Roderich standen, der dem Katholizismus huldigte, indessen die Antagonisten des Königs eher dem Arianismus zugeneigt waren (die Arianer – nach der Lehre des spätantiken Klerikers Arius – vertraten die Ansicht, Jesus sei nicht Gottes Sohn gewesen, sondern lediglich ein, wenn auch besonderes, menschliches Wesen, das Gott diente). Darüber hinaus konnten die Muslime auf die Unterstützung der im Westgotenreich beheimateten Juden zählen, die von den katholischen Goten unterdrückt wurden.

Fünf Jahre nach der Ankunft der Muslime in Gibraltar (›Berg des Tariq‹) hatten sich die letzten Angehörigen der westgotischen Oberschicht in eine gebirgige Region im Norden von al-Andalus zurückgezogen und bereiteten die *Reconquista* (Rückeroberung) der Halbinsel vor (vgl. Ebert 2008, S. 300ff). Die Mauren hingegen übten eine Herrschaft der Toleranz gegenüber Christen und Juden aus; nur selten wurden Pogrome gegen die *Kuffar* (Ungläubigen) initiiert, die ihren Glauben weitgehend unbehelligt ausleben konnten und überhaupt im Alltag selbstbestimmt handeln durften. Den maurischen Herrschern war viel daran gelegen, ein Klima der friedlichen Koexistenz zwischen Muslimen, Christen und Juden zu schaffen, solange der Anspruch der Muslime auf die Machtausübung respektiert wurde. Man kann mit Fug und Recht festhalten, dass die Mauren einen islamischen Staat schufen, der nur wenig bis nichts mit der gesellschaftspolitischen Auffassung heutiger Islamisten zu tun hatte, die keine andere religiöse oder weltanschauliche Position neben sich dulden.

Im Gegenteil brachten die Muslime in Spanien eine mittelalterliche Hochkultur hervor, die sich durchaus mit den kulturellen Errungenschaften der Etrusker, Römer und Griechen messen lässt, nachdem die Christenheit seit dem Absterben des westlichen Imperium Romanum 476 n. Chr. in eine lange Zeit der kreativen Agonie in jeder Hinsicht versank. Nicht umsonst hatte sich der weltgewandte und hochgebildete Stauferkaiser Friedrich II. (1194-1250) zeit seines Lebens mit islamischen Gelehrten beschäftigt und ausgetauscht, zumal er sich dadurch das Ausbrechen aus der kulturellen Rückständigkeit Europas erhoffte und nicht zuletzt auch aus diesem Grund den vom Papst geforderten Kreuzzug gegen Jerusalem immer wieder hinauszögerte.

Nichtsdestotrotz stellte der Expansionsdrang der Mauren eine reelle Gefahr für das Frankenreich dar, dessen Aufbau und Ausdehnung der fränkische Majordomus Karl (der Großvater Karl des Großen) im Begriff war voranzutreiben und zu konsolidieren. Das christliche Europa sah sich nicht zu Unrecht von den Sarazenen bedroht, die schon nur aufgrund des hohen Tempos ihrer erfolgreichen Feldzüge keinen Zweifel daran ließen, wie kampferprobt sie waren – und was sie offenkundig beabsichtigten: die totale Unterwerfung des europäischen Kontinents, wie sie auch vom Kalifen von Damaskus, dem obersten Führer der islamischen Welt, zum Ziel erklärt worden war.

Nachdem die Mauren unter der Führung des Statthalters von al-Andalus, Abd ar-Rahman, die Pyrenäen überschritten hatten, trafen sie im Oktober 732 auf das Heer Karls, das die Muslime vernichtend schlug und nach Spanien zurücktrieb. Die Schmach bei Tours und Poitiers, die Karl Martell (›der Hammer‹) den Mauren beibrachte, zumal deren Anführer Abd ar-Rahman in der Schlacht den Tod fand, saß so tief, dass diese – bis auf eine Ausnahme im Jahr 737, als Karl das Heer der Muslime erneut bezwang und zwar bei der Stadt Narbonne in der südfranzösischen Provinz Languedoc – nie wieder einen Versuch unternahmen, nördlich der Pyrenäen Fuß zu fassen (vgl. Ohlig 2010, S. 125).

Fast 700 Jahre nach dem Einfall der Mauren in Spanien stießen auf der anderen Seite Europas die Osmanen von Südosten her immer weiter auf dem Kontinent vor, was bereits im 1. Kapitel ausführlich dargelegt wurde. Ergänzend zu dieser Entwicklung wäre allenfalls noch zu erwähnen, dass der Eroberungsdrang der türkischen Osmanen 1529 zum ersten Mal zum Erliegen kam, als Sultan Süleyman I. (›der Prächtige‹) die Belagerung von Wien abbrechen musste, weil das osmanische Heer von einem frühen Wintereinbruch überrascht wurde. 1683 standen die Osmanen erneut vor den Toren Wiens, um am 12. September des Jahres von einem 80.000 Mann starken Entsatzheer unter der Führung des polnischen Königs Johann III.

Sobieski vertrieben zu werden (vgl. Wienecke-Janz 2007, S. 159).

Obwohl sich die Osmanen danach noch über 200 Jahre lang angrenzend zu Österreich-Ungarn halten konnten, wurden sie in ihrer Machtbefugnis eingeschränkt, vor allem nach der Niederlage im Russisch-Osmanischen Krieg, der den Verlust zahlreicher Gebiete auf dem Balkan zur Folge hatte. Bosnien-Herzegowina wurde 1878 unter Wiener Verwaltung gestellt und dem Einfluss des Osmanischen Reiches praktisch entzogen. 40 Jahre später erfolgte schließlich die Annexion Bosniens durch die Donaumonarchie, die das Land in ihr Staatsgebiet eingliederte (vgl. Fischer 2014, S. 53) – und diese war eine der Hauptursachen für das Attentat auf den österreichischen Thronfolger Franz Ferdinand am 28. Juni 1914, dem serbischen Nationalfeiertag ›Vidovdan‹.

Während in Spanien nach dem Fall von Granada 1492, der das Ende der muslimischen Herrschaft auf der Halbinsel besiegelte, eine islamische Gemeinde insofern verunmöglicht wurde, als die Nachfahren der Mauren – wenn sie nicht schon zuvor den katholischen Glauben angenommen hatten – zwangschristianisiert wurden, etablierte sich in Bosnien eine ganze Volksgruppe, die ihre Zugehörigkeit zum Islam auch in die Zukunft tragen wollte. Dazu muss erwähnt werden, dass das spanische Königspaar Ferdinand von Aragon und Isabella von Kastilien die maurische Kultur buchstäblich zu vernichten beabsichtigte, indem nicht nur die Muslime entweder vertrieben oder gar getötet wurden, sondern auch sämtliche Schriften philosophischer, medizinischer und anderweitig wissenschaftlicher Natur, die sich in den Jahrhunderten angesammelt hatten, mussten auf Befehl der Inquisition zerstört werden.

Nach Schätzungen fielen diesem Kreuzzug gegen das Wissen aus der Maurenzeit ungefähr eine Million Bücher zum Opfer; unzählige wertvolle wissenschaftliche Erkenntnisse gingen dadurch verloren, doch die katholischen Glaubenseiferer erachteten so ziemlich alles, was je von den Muslimen verfasst worden war, als dem ›wahren‹ Glauben abhold. Einzig die zum Teil mächtigen Bauten, wie die Festung Alhambra in Granada und ehemaligen Paläste der maurischen Statthalter, ließ man unversehrt oder um- und ausbauen. Ansonsten wurden sämtliche Spuren, die auf die einst blühende islamische Kultur in Spanien hinwiesen, ausgelöscht.

In Bosnien konnte sich der Islam auf europäischem Boden nicht nur halten, er entwickelte sich auch bereits früh zu einer Symbiose zwischen Orient und Okzident, was zur Folge hatte, dass der Fundamentalismus wahhabitischer Prägung lange Zeit so gut wie keine Rolle spielte. Die Muslime in Bosnien übernahmen zwar durchaus Elemente ihrer türkischen Besatzer und ließen diese in ihren bäuerlich-folkloristischen Lebensstil einfließen. Jedoch legten sie die *Sunna*, die Gesamtheit der Worte, Taten und Handlungen des Propheten Muhammad, relativ großzügig aus und hielten sich bei Weitem nicht an alle Gesetze, die der Koran seinen Gläubigen auferlegt. Der Umgang mit Alkohol etwa ist noch heute bei vielen Bosniaken viel liberaler als in den meisten islamischen Theokratien oder Gesellschaften, die den Konsum alkoholhaltiger Getränke bei drakonischen Strafen verbieten.

Viele Muslime in Bosnien und Herzegowina verhielten sich nicht religiöser als ihre christlichen Nachbarn, wenn sie anstatt der Kirche die Moschee aufsuchten, um zu beten oder den Worten des Imam zu lauschen, ohne sich in jeder Hinsicht eisern an die Grundpfeiler des Islam zu halten – wie die liberalen Christen, die zwar vielleicht auch ihre Gebete sprechen und sonntags in die Messe gehen, es aber ansonsten mit dem Neuen, geschweige denn dem Alten Testament nicht sonderlich ernst nehmen. In diesem Sinne, und weil die Muslime in Bosnien und der Herzegowina zumeist gebürtige Slawen und ergo Europäer sind, verkörpern die Bosniaken nichts anderes als ein europäisches Volk, das dem Islam huldigt, mehr oder weniger.

4.2. Kultur, Religion, Migration

Ist die sogenannte ›Leitkultur‹ einer Gesellschaft im Allgemeinen, die nicht zuletzt vom Glauben an ein oder mehrere höhere Wesen geprägt ist, überhaupt mit dem Glauben einer Gesellschaft vereinbar, die einen mitunter komplett diametralen kulturellen Hintergrund besitzt? Diese Frage gilt es im Folgenden genauer zu analysieren, zumal gerade die europäische Gesellschaft erst seit wenigen Jahrzehnten mit der Tatsache konfrontiert wird, mit Menschen aus völlig anderen Kulturkreisen zu koexistieren, was mitunter im besten Fall Unverständnis, im schlimmsten Fall heftige Probleme mit sich bringen kann; insbesondere eben dann, wenn zum entgegengesetzten Kulturverständnis noch religiöse Differenzen hinzukommen.

Auch wenn der Terminus der Leitkultur ein wenig dogmatisch anmutet und im Grunde eine fürchterliche Wortkonstruktion darstellt, so täuscht er nicht über die Tatsache hinweg, dass zur Bildung einer wie auch immer gearteten Zivilisation ein kulturelles Fundament unabdingbar ist, nicht zuletzt aus Gründen eines Gefühls der Zusammengehörigkeit bzw. kulturellen ›Identität‹.

Auf dem europäischen Kontinent, zunächst in südlicher Hemisphäre, dann auf dem Gebiet des heutigen Frankreich und den Britischen Inseln, hielt mit der Verbreitung des Christentums am Ende der Antike eine Lehre Einzug, deren lebenspraktische Grundsätze bis heute unser Dasein, unsere Handlungen, eigentlich unsere gesamte Denkweise prägen. Der Abfall von den alten ›heidnischen‹ Göttern und der damit verbundenen Lebensweise, die nicht selten nach einem archaischen

Prinzip des Sozialdarwinismus funktionierten, obschon auch in diesen vorzeitlichen Gesellschaften Regeln und Gesetze den Alltag bestimmten, führte im Zuge eines langen Prozesses, der mit der Zeit immer mehr europäische Länder erfasste, zu unserer modernen westlichen Zivilgesellschaft.

Ausgehend von den Römern, die um das Jahr 380 das Christentum zur Staatsreligion erklärt hatten, und vor allem der Taufe des Königs der Franken, Chlodwig I., wenig mehr als hundert Jahre später, vollzog sich die Christianisierung gerade der Völker nördlich des von den Römern erbauten Grenzwalls (Limes) zum Schutz des Imperiums vor Einfällen der Germanen eher schleppend, bis Karl der Große in der zweiten Hälfte des 8. Jahrhunderts den Sachsenherzog Widukind bezwang und diesen um 785 zur Annahme des christlichen Glaubens ›bewegen‹ konnte – faktisch wurde Widukind eher vor die Wahl gestellt, sich entweder taufen oder hinrichten zu lassen. Jedenfalls war der (katholische) Glaube um das 10. Jahrhundert fest in Mittel- und Westeuropa verankert; in Skandinavien, das zu dieser Zeit noch von den Wikingern beherrscht wurde, erfolgte die Christianisierung etwas später, und in Spanien vermochten sich die muslimischen Mauren bekanntlich noch bis zum Ende des 15. Jahrhunderts zu halten.

Bis zur Aufklärung im 18. Jahrhundert funktionierten die Kirche bzw. deren ›Fürsten‹ im Sinne der Drei-Stände-Gesellschaft – Adel, Klerus und Bauern – nach ähnlich archaischen Strukturen mit dem einen Ziel, nach dem Ableben auf die Gnade Gottes zu hoffen, um ins Paradies zu gelangen. In der Ständegesellschaft wusste jeder, wohin er gehörte, wem er zu dienen hatte und dass die Zugehörigkeit zum jeweiligen Stand praktisch unverrückbar war, zumal sich nahezu alle Bauern in Leibeigenschaft befanden und sich glücklich schätzen durften, wenn sie ihren Herren nur soviel Abgaben leisten mussten, dass sie selbst nicht allzu kurz kamen.

In den meisten Fällen litten die Unfreien jedoch regelmäßig Hunger, und auf die Unterstützung der Kirche konnten sie ohnehin nicht bauen, im Gegenteil. Der Klerus hatte im Mittelalter eine so perfide wie lukrative Methode entwickelt, binnen kurzer Zeit große Vermögen zu generieren, indem er den Sündern sogenannte ›Ablassbriefe‹ verkaufte; Schriftstücke, die die verängstigten Gläubigen von ihren Sünden befreiten, wenn sie umgerechnet etwa einen Monatslohn dafür entrichteten. Diese Einkünfte verwendeten die Kirchenfürsten wiederum für den Bau ihrer prachtvollen Gotteshäuser wie das wohl bekannteste Beispiel belegt: der Petersdom in Rom. Der Ablasshandel veranlasste den Wittenberger Theologen Martin Luther zur Reformation der Kirche, die schließlich in einem Schisma mündete und den Protestantismus hervorbrachte.

Das 18. Jahrhundert brachte dann die Wende: Nach 1200 Jahren der Herrschaft ›von Gottes Gnaden‹ wurde durch die aufklärerische Arbeit von mutigen Philosophen wie Jean-Jacques Rousseau, Immanuel Kant, Voltaire, aber auch Schriftstellern wie Johann Christoph Gottsched und Gotthold Ephraim Lessing die Trennung von Kirche und Staat eingeleitet. Die wissenschaftlichen Grundlagen zum zukünftigen Zeitalter des Laizismus lieferten berühmte Mathematiker wie Isaac Newton oder Gottfried Wilhelm von Leibniz, die ihre Forschungen nach reinen Vernunftkriterien ausrichteten und dadurch empirische Beweise für die Existenz von naturwissenschaftlichen Zusammenhängen lieferten.

»Die Unzufriedenheit mit den herrschenden Autoritäten regte die Aufklärer zu immer wirkungsvolleren Kampagnen an, um die neuen Ideen zu verbreiten« (Klose 2010, S. 20), die bei den französischen Revolutionsvorbereitern ebenfalls auf Gegenliebe stießen. Im Fall der Revolution in Frankreich 1789 und der Zeit unmittelbar danach führten die Bestrebungen nach einem laizistischen System gar so weit, dass – vor allem unter der

Regie des ehemaligen Anwalts Jacques-René Hébert – im ganzen Land regelrechte Pogrome gegen die Kirche geführt wurden. Die Revolutionäre hielten wenig bis nichts vom Klerus und dessen enger Anbindung an den Adel, der Frankreich während neun Jahrhunderten beherrscht hatte, und so nahmen nun unzählige Menschen, die unter dem alten Regime gelitten hatten, grausame Rache an den einstigen Herren.

Die mit der Aufklärung verknüpfte Religionskritik erfuhr in Frankreich wohl ihre konsequenteste Anwendung, sieht man einmal von der russischen Oktoberrevolution und deren Auswirkungen auf die in Russland beheimatete orthodoxe Kirche ab. Aber sowohl in Frankreich als auch in Russland erwies sich der Versuch der ›Entchristianisierung‹, wie sie von Hébert gefordert worden war, als nicht durchführbar; das Christentum hatte sich in den vielen Jahrhunderten seiner Existenz auf nahezu sämtliche Lebensbereiche der Menschen ausgewirkt und ihnen dadurch auch eine ›kulturelle‹ Identität verschafft, die sie keinesfalls aufgeben wollten bzw. konnten, denn die Abkehr vom Christentum hätte gleichzeitig die Abwendung von dieser Identität bedeutet. Nichtsdestotrotz trachteten die Massen nach einer fundamentalen Veränderung in einem Staat, worin Adel und Klerus praktisch alles und die einfachen, meist bäuerlichen Bürger so gut wie nichts besaßen.

Das Hauptmotiv zur Beteiligung an der Revolution lag also in der Hoffnung auf ein besseres und gerechteres Leben in einem Staat, der von ihresgleichen geführt werden sollte. Die Tatsache, dass Hébert mit seiner radikalen Haltung gegenüber der Kirche dennoch scheiterte – immerhin stand Revolutionsführer Maximilien Robespierre auf dem Boden eines deistischen Glaubensbekenntnisses (Deismus steht für den Glauben an die Schöpfung Gottes als einmaligen Akt) und als solcher konnte er sich mit der aggressiven antiklerikalen Politik Héberts überhaupt nicht anfreunden –, lässt erkennen, dass die nunmehr

›befreiten‹ Bürger zwar mit den Machenschaften der Kirchenfürsten nicht einverstanden waren, jedoch keinesfalls von ihrem
unverbrüchlichen Glauben an Jesus Christus abrücken wollten.

In der islamischen Welt ist die Synthese zwischen dem Glauben und der kulturellen Tradition eines Staates *a priori* untrennbar, weil zu beiden Aspekten noch die Rechtsprechung, die
Scharia, hinzukommt. Diese bildet die Summe sämtlicher Regeln, an die sich die Muslime halten müssen, womit die Verabschiedung von Gesetzen im Allgemeinen, wie sie in einem
säkularen Staat gang und gäbe ist, eigentlich ausgeschlossen,
ja im religiösen Kontext ohnehin überflüssig ist; Allahs Wort
ist unfehlbar, und jeder Versuch der Interpretation gilt als Häresie.»Gegenüber dem Polytheismus und der Häresie herrscht
Intoleranz, ja sogar die Forderung nach Todesstrafe im Fall der
Häresie« (Tischler 2010, S. 39), wodurch dem Muslim, ob er
nun tatsächlich gläubig ist oder nicht, praktisch verunmöglicht
wird, sich ›neutral‹ mit seiner Religionszugehörigkeit zu be-
fassen. In einem islamischen Staat, einer explizit islamischen
Theokratie wie bspw. Saudi-Arabien oder Iran, bildet die Heilige Schrift der Muslime nicht nur Grundlage, sondern ehernes
Gesetz für ausnahmslos alle Handlungen bis hinein ins Privat-
leben der Menschen.

In diesem Sinn steht der Koran synonym für den ›Lifestyle‹
der Muslime, nur im Unterschied zum vielzitierten und als Begriff total überstrapazierten Westen leben die Muslime ihr Leben im islamischen Staat keinesfalls frei – vergleichbar der Christenheit im Mittelalter oder den Deutschen im Nationalsozialismus und den Russen unter Stalin. Und stärker noch als in der
abendländischen, auf christlichen Grundwerten basierenden
Gesellschaft fließen in islamischen Ländern uralte, archaische
Traditionen aus vorislamischer Zeit in den Lebensstil der Menschen; die arrangierte Ehe in der Türkei, aber auch arabischen

bzw. nordafrikanischen Ländern ist ebenso wenig ein islamisches wie ein christliches Element, sondern geht auf heidnische Stammesgesellschaften zurück. Ähnlich verhält es sich mit der in Europa seit geraumer Zeit hitzigen Debatte rund um das Kopftuch, das die überwiegend große Mehrheit der muslimischen Frauen trägt, obschon gerade der Koran den Frauen nirgends entsprechende Vorschriften macht.

Überhaupt regt das Frauenbild im Islam zu einigen Fragen an, die allerdings möglichst neutral behandelt werden müssen, d.h. fern von jeglicher Wertung, die eine analytische Auseinandersetzung mit derart heiklen Dingen – zumal sie stets im Zusammenhang zur jeweiligen Zeit betrachtet werden müssen – erschwert, wenn nicht gar verunmöglicht. Denn unabhängig vom ideologischen bzw. religiösen Unterbau einer Gesellschaft sind die Frauen in der Geschichte stets fremdbestimmt gewesen, und dabei spielte die soziale Zugehörigkeit keine Rolle. Der Unterschied zwischen dem ersten (Adel) und dem dritten (Bauern) Stand war lediglich der, dass die adligen Frauen keine Arbeiten verrichten mussten, aber ansonsten besaßen sie in keiner Art und Weise Mitsprache- oder gar Entscheidungsrecht.

Die männerdominierte Gesellschaft insbesondere im christlichen Mittelalter brachte auch selten Frauen hervor, die als Herrscherinnen den Thron bestiegen, und wenn dies der Fall gewesen ist, dann erfolgte die Inthronisierung einer Frau aufgrund des Ablebens ihres Gatten oder wenn kein männlicher Nachkomme eines amtierenden Königs vorhanden war – oder der männliche Nachkomme war beim Tod seines Vaters noch ein Kind wie im Fall von Heinrich IV., der im Jahr 1056 als Sechsjähriger zwar König des Heiligen Römischen Reiches wurde, das Amt selber jedoch übte seine Mutter, Kaiserin Agnes, aus.

In der Geschichte des Islam, die vor nunmehr 1400 Jahren begonnen hat, tauchen kaum je Frauen auf, die das Amt eines Regenten ausgeübt haben. Die wohl bekannteste Frau, die in der islamischen Welt je einen Thron bestieg, war eine ehemalige Sklavin im Harem des Emirs von Hisn Kayfa in der heutigen Türkei. Shajarat ad-Durr ehelichte als Konkubine den ägyptischen Ayyubiden-Herrscher as-Salih Ayyub und erlangte 1250 die Herrschaft über die Mameluken (vgl. Rampoldi 2014, S. 9). Ansonsten aber ist die Beteiligung von Frauen an der Macht noch dürftiger als in dem von der Katholischen Kirche geprägten Christentum des Mittelalters, doch es kann nicht Sinn der Sache sein, derartige und andere Missstände in bezug auf die Rolle und Bedeutung des weiblichen Geschlechts sowohl im Islam als auch im (katholischen, aber zuweilen auch protestantischen) Christentum gegeneinander auszuspielen.

Fakt ist, dass ›die Frau‹, unabhängig von ihrer religiösen Zugehörigkeit, in westlichen Ländern noch bis ins 20. Jahrhundert gegenüber ›dem Mann‹ eine subalterne Funktion innehatte und kaum Rechte besaß. Der einzig markante Unterschied besteht darin, dass diese staatlich sanktionierte Herrschaft über die Frauen in islamischen, aber auch anderen Ländern oder Kulturen auch in unseren Tagen immer noch Usus ist. Und selbst in der aufgeklärten Gesellschaft, die sich nicht zu Unrecht rühmen kann, binnen 200 Jahren eine Entwicklung der Vernunft vorangetrieben zu haben, die zumindest gravierendes Unrecht gegenüber den Frauen – aber auch Kindern – in weiten Teilen im Sinne der Gleichheit durch Recht ersetzt hat, herrscht eine allumfassende Gleichberechtigung zwischen Frau und Mann (noch) nicht vor.

Religion als Bestandteil der Kultur, was sie zweifelsohne ist, kann nach Überprüfung der mitunter auch oder gerade historischen Sachlage ergo unmöglich voneinander getrennt werden, zumal sie eben Bestandteil des kulturellen Bodensatzes einer Gesellschaft ist. Es kommt freilich auch immer auf die Begriffsbildung der Religion bzw. des religiösen Fundaments der jeweiligen Gesellschaft an, denn in dieser Beziehung scheiden sich in der Moderne die Geister. Betrachtet man die Welt und wie sie seit geraumer Zeit funktioniert, lassen sich zwei zwar völlig gegensätzliche aber dennoch nachvollziehbare Strömungen ausfindig machen, die in der Tat beide religiösen Charakter aufweisen: der unverhandelbare Glaube an den Kapitalismus und die vor allem – aber nicht nur – in sogenannten ›Entwicklungsländern‹ erstarkte Hinwendung zum Spirituellen, Göttlichen als schiere Verzweiflungstat. Menschen, die in ihrem Leben nicht die geringste Aussicht auf eine Besserung ihrer hoffnungslos anmutenden Situation haben, weil es die Zustände vor Ort gar nicht zulassen, flüchten sich irgendwann in eine Welt, von der sie Heilung erwarten, selbst wenn diese Heilung nicht irdisch ist; am Ende wartet das Paradies, wie sie glauben oder wie es ihnen gleich einer Gehirnwäsche einzutrichtern versucht wird.

Während die einen als tragische Konsequenz ihrer erbarmungswürdigen Lebensbedingungen die Flucht in den religiösen oder politischen Extremismus antreten, handelt es sich bei den in der Mystik haltsuchenden Seelen des Abendlandes primär um Menschen, die mit sich und ihrer Umwelt aus mannigfaltigen Gründen nicht zufrieden sind. Oftmals sind es Leute aus eher besseren Verhältnissen, die sich mit ihrem langweiligen und sinnlosen Dasein nicht abfinden wollen und ihr Heil in esoterischen und anderen mitunter zweifelhaften Kreisen suchen oder sie suchen Anschluss in einer jener Freikirchen, die in den vergangenen Jahrzehnten wie Pilze aus dem Boden schossen; offenbar haben die Landeskirchen kläglich versagt und die Signale von den unzufriedenen Gläubigen nicht wahrnehmen wollen. Jedenfalls sind die Beweggründe von unterschiedlicher Natur, aber gewiss sind es ganz andere Voraussetzungen, die einen jungen Mann aus Nordafrika, dem Nahen Osten oder dem Hindukusch in die Arme von Islamisten treiben – oder in die Flucht.

Lange bevor der Massenexodus von zumeist jungen männlichen Flüchtlingen aus Ländern fast des gesamten afrikanischen Kontinents nach Europa einsetzte und die europäischen Staaten vor ernsthafte Probleme stellte, die in naher Zukunft noch wesentlich größer werden, gab es immer wieder Migrationswellen. Besonders in den 60er und 70er Jahren des 20. Jahrhunderts, als sich die Länder Mittel-, West- und Nordeuropas im wirtschaftlichen Aufschwung befanden und ein noch nie dagewesener Bauboom unzählige Arbeitsstellen schuf, zogen Menschen vor allem aus dem südlichen Teil Europas und der Türkei nach Deutschland, der Schweiz, Österreich, Skandinavien und Großbritannien, um der grassierenden Armut und Arbeitslosigkeit in ihren Herkunftsländern zu entfliehen; Frankreich sah sich bereits da einer heiklen Entwicklung gegenüber, zumal die ehemalige Kolonialmacht nun mit den Migrationsströmen aus diesen nunmehr unabhängigen aber ökonomisch total kaputten Staaten wie Marokko, Algerien oder Tunesien (um gerade mal die Staaten an der nordwestafrikanischen Küste zu nennen) konfrontiert wurde.

Städte wie Marseille im Süden, aber auch Paris und dessen Großraum entwickelten sich mit der Zeit zu einem wahren Moloch der Migration vorwiegend muslimischer Menschen, die von der Integration kaum oder nicht erfasst wurden. Dies hatte zur Folge, dass ein großer Teil der vor allem in Frankreich geborenen Muslime entweder in die Kriminalität abdriftete oder – wie im Fall der Attentäter von Paris, die am 7. Januar 2015 mehrere Redakteure der Satirezeitschrift *Charlie Hebdo* töteten – in den Sog des Islamismus gezogen wurden. Sowohl bei den einen als auch bei den anderen liegen die Ursachen in der Ausgrenzung auf gesellschaftlicher Ebene, womit diesen Migranten, von denen die meisten ihre Herkunftsländer nie kennengelernt haben, ein auf Erwerb und Partizipation an der Gesellschaft basierendes Leben geradezu verunmöglicht wird.

In diesem Sinne hat die französische Politik bereits vor Jahrzehnten auf der ganzen Linie versagt, zumal sie an diesen Zuständen die Hauptschuld trägt; sie sind quasi eine folgenschwere Konsequenz aus Kolonialzeiten.

Im Zuge der Migration aus der Türkei entstanden vor allem in Deutschland ähnliche Parallelgesellschaften wie in Frankreich, sodass heutzutage ganze Viertel in Großstädten (bspw. Berlin-Kreuzberg, Berlin-Neukölln, Hamburg-Wilhelmsburg, Köln-Keupstraße etc.) von türkischen Migranten nicht nur dominiert, sondern fast ausschließlich von ihnen bewohnt werden. Das hat freilich zur Folge, dass die Integration dieser Menschen erschwert wird, zumal viele Türken vorziehen, lieber unter sich zu bleiben, ihre Traditionen zu pflegen und kaum Kenntnisse über die gesellschaftlichen Gepflogenheiten des Gastlandes haben. All dies wäre noch vertretbar, wenn da nicht etliche türkische – oder grundsätzlich muslimische – Migranten ihren Glauben über den Rechtsstaat stellen würden und in vielen Fällen strikt ausleben, was wiederum der demokratischen Grundordnung zuwiderläuft.

So kann es gewiss nicht sein, dass konservative Muslime ihren Töchtern das Tragen des Kopftuchs verordnen, sie nicht zum Schwimmunterricht schicken, den Umgang mit – christlichen oder jüdischen – Männern verbieten und im schlimmsten Fall zur Ehe mit ausgesuchten muslimischen Männern zwingen. Darüber hinaus macht sich seit einigen Jahren vor allem in Deutschland und England eine Paralleljustiz breit, die sich ausschließlich nach der Scharia richtet, wie die deutsche Juristin mit türkisch-kurdischen Wurzeln, Seyran Ates, in einem Artikel der *Zeit* vom 7. Dezember 2012 ausführt. Ates kritisiert vor allem die Ignoranz des deutschen Staates und der deutschen Gerichte, die sich der Existenz islamischer Schattengerichte nicht bewusst seien, zumal sie die »muslimischen Milieus« (Ates), wo Allahs Gebote mehr Geltung besäßen als das Grundgesetz, nicht kennen würden. Problematisch an dieser Parallel-justiz ist faktisch die Strafvereitelung, die daraus hervorgeht, da mitunter auch schwere Straftaten wie etwa häusliche Gewalt der Untersuchung durch die deutsche Justiz entzogen werden. Dasselbe gilt für Ehestreitigkeiten, die der Beurteilung durch einen islamischen Friedensrichter bzw. Imam unterzogen werden, wobei dieser gemäß Scharia in der Regel »den Männern Rückendeckung gibt und die Frauen maßregelt« (Ates).

Seyran Ates schließt ihren Beitrag mit der Feststellung, dass es in Deutschland zumindest noch keine offiziellen Scharia-Gerichte gebe, wie dies in Großbritannien bereits der Fall sei, doch auch dort habe alles irgendwann im Schatten der Gesellschaft begonnen.

Der Punkt ist, dass die Frage nach der Funktionalität einer multikulturellen Gesellschaft gar nicht in dieser Form gestellt werden muss. Eigentlich ist sie sogar obsolet, denn ob das Zusammenleben zwischen Menschen verschiedener Herkunft bzw. Kultur funktioniert oder nicht, hängt nicht primär mit kulturellen Differenzen zusammen. Beispiele für das Scheitern des friedlichen Zusammenlebens zwischen Angehörigen derselben ›Kultur‹ sieht oder liest und hört man jeden Tag im Zeitalter der elektronischen Massenmedien. Es ist in erster Linie eine Frage der Akzeptanz für die Differenz unter Berücksichtigung des Grundgesetzes, an das sich ausnahmslos jedes Mitglied der Gesellschaft zu halten hat.

Nun ist in den letzten Jahren eine Strömung, nicht nur in Deutschland, sondern in zahlreichen europäischen Ländern und hierbei vor allem in Bosnien, in Erscheinung getreten, die zu Besorgnis Anlass gibt: Salafisten bzw. Wahhabiten, eine islamistische Gruppierung, die das Grundgesetz am liebsten abschaffen und durch die Scharia ersetzen möchte. Hatten diese fundamentalistischen Muslime (von denen die große Mehrheit in den westeuropäischen Staaten bemerkenswerterweise aus konvertierten Christen besteht) lange Zeit die Öffentlichkeit gemieden, so suchen sie mittlerweile den Konflikt und die Provokation, womit sie sich aber gleichzeitig selbst schaden, zumindest in besagten westeuropäischen Ländern. Ganz anders gestaltet sich die Situation in Bosnien, wo bereits ganze Landstriche und Städte von Wahhabiten geradezu eingenommen wurden – mit der tatkräftigen Unterstützung Saudi-Arabiens!

4.3. Vormarsch des Wahhabismus

Seit geraumer Zeit lassen sich in den klassischen Einwanderungsländern Europas Stimmen vernehmen, die oft und rege von einer Gefahr der Islamisierung reden. Nun gibt es die einen, die behaupten, solche Aussagen grenzten entweder an Paranoia oder habe schlicht mit Islamo- oder generell mit Xenophobie zu tun. Die andere Seite, um bei der Polarisierung zu bleiben, sieht in der Tat große Probleme auf uns zukommen, wenn sich der Anteil Muslime in der europäischen Gesellschaft noch erhöhen sollte (was zweifellos der Fall sein wird in den kommenden Jahren und Jahrzehnten; dies hängt aber untrennbar mit der demographischen Entwicklung zusammen, weil sich die Muslime im Verhältnis zum Rest der Bevölkerung um ein Mehrfaches reproduzieren. Beispiel Schweiz: Laut einer Volkszählung im Jahr 2000 gebar eine Muslima im Durchschnitt 2,44 Kinder im Vergleich zu einer christlichen oder konfessionslosen Schweizerin mit gerade einmal 1,43 Kindern).

Wie meistens im Rahmen derartiger Streitdebatten liegt die Wahrheit irgendwo in der Mitte, wird doch der Terminus der ›Islamisierung‹ zu oft falsch interpretiert. Die reine Zunahme der Volksgruppen mit islamischem Hintergrund ist nicht gleichbedeutend mit einer Islamisierung der Gesellschaft, hat im Grunde der Dinge nichts oder zumindest nicht viel damit zu tun. Die

Realität verläuft wesentlich subtiler und wird von seiten der Politik und Medien leider noch viel zu selten ins Bewusstsein der Öffentlichkeit getragen.

Ein paar wenige Prozent kultur- und/oder konfessionsfremder Menschen innerhalb einer kulturell mehr oder weniger homogenen Gesellschaft nehmen selbst angesichts ihrer höheren Reproduktionskapazitäten nur marginal Einfluss auf den Lebensstil der eingeborenen Bevölkerung. Weitaus bedenklicher und, je nach gesellschaftspolitischem Blickwinkel, auch bedrohlich erscheinen die bereits von Seyran Ates genannten Aspekte bezüglich der Schattengerichte, die sich jeglicher Kontrolle durch den Rechtsstaat entziehen können und dadurch zur Bildung einer Parallelgesellschaft maßgeblich beitragen. Dabei stellt noch nicht einmal die Gefahr einer Unterwanderung und letztlich ›Übertrumpfung‹ der christlich-abendländischen Werte durch die wesensfremde Lebenshaltung der (bigotten) Muslime ein Problem dar; die beflissene Ignoranz gegenüber dem Staat, seiner Rechtsprechung und gesellschaftlichen Werte bildet das Fundament zum Aufbau für eine gefährliche Parallelwelt, wie sie eben in den Pariser Vorstädten, wo die lokale Polizei bereits kapituliert hat, schon vorherrscht.

Diese Entwicklung läuft nicht Gefahr, die – nichtmuslimische – Gesellschaft wie ein todbringendes Virus zu befallen, sondern eine in sich abgeschlossene, rechtsfreie Zone zu schaffen, wo der Sozialdarwinismus auf fruchtbaren Boden stößt. Ähnliche Zustände existieren in den USA schon relativ lange, wenn man sich die Gesetzlosigkeit resp. Anarchie vor Augen führt, die in den Schwarzen- und Latinoghettos der Großstädte Einzug gehalten hat.

Ein weiterer Aspekt, der einer allfälligen Tendenz zur ›Islamisierung‹ Rechnung trägt, ist in der schleichenden falschen Toleranz der Politik gegenüber sogenannten ›Minderheiten‹ und ihrer Beharrlichkeit in bezug auf die Berücksichtigung ihrer rituellen Handlungen erkennbar. Es kann nicht angehen, dass die Politik aus Gründen der Rücksichtnahme auf eine religiöse Minderheit das Tragen des *hidschab*, des Kopftuchs, an Schulen erlaubt, indessen jede andere Kopfbedeckung verboten ist. Es ist ebenso inakzeptabel, der unumstößlichen Haltung von muslimischen Vätern, die ihre Töchter von sportlichen Aktivitäten fernhalten, nicht mit der ganzen Schärfe des Gesetzes entgegenzutreten – wenn man die Glaubwürdigkeit des Rechtsstaats nicht der Lächerlichkeit preisgeben will.

Ein anderes Fanal, das in diesem Fall vom Berliner Verwaltungsgericht im Herbst 2009 gesetzt wurde, war die erfolgreiche Klage eines muslimischen Gymnasiasten, der an seiner Schule einen Gebetsraum eingefordert und durch gerichtlichen Beschluss erwirkt hatte (inzwischen wurde das Urteil vom Bundesverwaltungsgericht revidiert und das Begehren des Schülers zurückgewiesen). Überhaupt hat sich die öffentliche Schule allmählich zu einem Ort der religiösen Auseinandersetzungen gewandelt, wenn etwa sunnitische Jungs alevitische Mädchen attackieren, weil diese kein Kopftuch tragen, oder antisemitische Schmierereien an Schulgebäuden und auf Pausenplätzen auftauchen, die eindeutig einen religiösen, sprich islami(sti)-schen Hintergrund aufweisen.

Toleranz bzw. Hilflosigkeit gegenüber Islamisten ist ebenfalls klar gegeben, wenn diese Leute ohne Weiteres Versammlungen wie Demonstrationen und andere Kundgebungen in aller Öffentlichkeit ausüben und lauthals antiwestliche und antisemitische Parolen von sich geben können, ohne dass die Staatsgewalt mit aller Härte dagegen vorgehen kann oder darf. Das ist in der Tat eine Art von ›passiver Islamisierung‹, die dadurch gekennzeichnet ist, dass Politik und letztlich die Behörden aus welchen Gründen auch immer (in Deutschland dürfte die jüngere historische Vergangenheit maßgeblich mitspielen) selbst vor Salafisten bzw. Wahhabiten einknickt, denn schließlich

»gehört der Islam zu Deutschland« (Christian Wulff, Ex-Bundespräsident / Angela Merkel, Bundeskanzlerin).

Es ist schon mehrfach vom Wahhabismus oder den Wahhabiten die Rede gewesen, einer Lehre des Islam, die sich strikt an der Heiligen Schrift und den Handlungen sowie Aussagen des Propheten Muhammad orientiert und keine andere Strömung in ihrem eng gesetzten Rahmen zulässt. Dieselbe Orthodoxie vertreten die Salafisten, jene sunnitischen Muslime, die seit einiger Zeit in Deutschland große Präsenz markieren und in mehreren deutschen Städten bereits Religionswächter in Form der sogenannten ›Scharia-Polizei‹ auf die Straßen schicken, um die jungen Muslime auf den ›rechten‹ Weg zu bringen.

Salafisten und Wahhabiten unterscheiden sich eigentlich nur insofern, als sich der Salafismus in seiner ursprünglichen Form relativ tolerant zeigte und bspw. der von Islamisten verteufelten Heiligenverehrung gemäßigt gegenüber trat. Die Radikalisierung erfolgte im Zuge der Kolonialpolitik Europas an der Levante, als die salafistischen Muslime ein Bedürfnis zur Anknüpfung an die Frühzeit des Islam entwickelten, da sie glaubten, in der reinen Lehre die Lösung für die gesellschafts- und tagespolitischen Schwierigkeiten zu finden. Erst die Verfolgung durch den säkularen Herrschaftsapparat in diesen Ländern, zumeist im Nahen und Mittleren Osten sowie Nordafrika, führte zur theologischen Annäherung zwischen Salafisten und den Jüngern Muhammad ibn Abd al-Wahhabs, des Begründers der wahhabitischen Lehre, da sich viele Salafisten nach Saudi-Arabien abgesetzt hatten.

Al-Wahhab, Spross einer Familie islamischer Rechtsgelehrter (sein Vater bekleidete sogar das Amt eines Richters), wurde um 1700 nach christlicher Zeitrechnung im Kernland der arabischen Halbinsel geboren. Im Gegensatz zu ihm, der schon früh zu predigen begann und sowohl die schiitischen Gepflogenheiten der Ehrbezeugung islamischer Kultstätten als auch Christentum und Judentum, die er beide ebenfalls als *Schirk* (Götzenanbetung) verurteilte und rigoros ablehnte (vgl. Prothero 2011), stand ihm seine eigene Familie in religiöser Hinsicht geradezu feindlich gegenüber. So konnte sein Bruder Suleiman gar eine Fatwa gegen al-Wahhab erwirken, da ihm dessen Fanatismus zu weit ging. Nichtsdestotrotz verfolgte al-Wahhab seinen radikalen Kurs weiter und begegnete um 1744 einem Mann, der von den Ideen des Geistlichen sehr angetan war: Muhammad ibn Saud, Emir von Diriyya und Vorfahre der heutigen saudischen Königsfamilie. Unter dem Schutz ibn Sauds, den al-Wahhab aufgrund seiner Kompromisslosigkeit bitter nötig hatte, zumal sich eine Phalanx von Gegnern gebildet hatte, die al-Wahhab sogar nach dem Leben trachteten, stellte der puritanische Gelehrte gemeinsam mit seinem Mentor die Weichen für die theokratische Monarchie, als die sich Saudi-Arabien bis heute präsentiert. »Der Wahhabismus, die amtliche Theologie Saudi-Arabiens, ist eine Form des Salafismus, die sich Anfang des 21. Jahrhunderts weltweit ausbreitet, da auf der ganzen Welt saudisches Geld zum Bau neuer Moscheen eingesetzt wird« (Prothero 2011), und auf europäischem Boden kommt dies besonders in Bosnien – und daselbst in Sarajevo – zum Ausdruck.

Einst nannte man sie das ›Jerusalem des Balkans‹, die bosnische Hauptstadt Sarajevo, ein Mikrokosmos des multikulturellen Zusammen- und Nebeneinanderlebens, die Reflexion des Vielvölkerstaats Jugoslawien auf kleinstem Boden, deren muslimische Bürger zwar stets in der Überzahl waren, jedoch mit Fundamentalismus nichts am Hut hatten. Erst die Auswirkungen des Bürgerkriegs führten in den bosniakisch kontrollierten Gebieten zu einer Situation, die in bezug auf die Unterdrückung der sogenannten *Kuffar* (Ungläubige) noch nicht einmal mit der zum Teil äußerst brutalen Herrschaftsausübung (wie etwa das Pfählen von Rebellen und anderen Aufständischen) der Osmanen verglichen werden kann. Denn während die Osmanen zumindest die Christen gewähren ließen, fordern die wahhabitischen Muslime in Bosnien, wo bereits in vereinzelten Enklaven die fundamentalistische Auslegung des Islam nicht nur gelehrt, sondern auch streng ausgeübt wird (vgl. Schirra 2015), den Dschihad in Europa – und werden dabei geflissentlich vom saudischen Königshaus unterstützt.

In einem Zeitraum von knapp zehn Jahren, zwischen 1992 und 2001, floss eine halbe Milliarde US-Dollar nach Bosnien zum Bau von Moscheen und der Festigung der wahhabitischen Lehre, die von unzähligen in Saudi- Arabien ausgebildeten bosnischen Imamen verbreitet werden sollte. Und die ›Missionierung‹ der Saudis trägt offenbar nicht eben wenig Früchte, denn wie schon der katholische Erzbischof von Sarajevo, Kardinal Vinko Puljić, am 25. Januar 2012 in den ›Katholischen Nachrichten‹ erklärte, sind in den letzten Jahren 70 neue Moscheen gebaut worden – allein in Sarajevo! Puljić sagte weiter, dass ihm der von Saudi-Arabien geförderte Wahhabismus Sorgen bereite, da dieser eine völlig andere Religionsauffassung vertreten würde als der traditionelle bosnische Islam. Der Orientalist Nenad Filipović meinte dazu, dass »der tolerante bosnische Islam durch einen faschistoiden, heuchlerischen mit einem fundamentalistischen Surrogat ausgestatteten Islam ersetzt werde« (Rathfelder 2006, S. 120f.)

Es sind genau diese Worte, die Puljić – und Filipović – von Ressentiments gegen die Muslime freisprechen, die man ihm subjektiv gesehen vielleicht unterstellen könnte, denn als hoher Amtsträger der Katholischen Kirche müsste ihm die Entwicklung ja schon von Amts wegen sauer aufstoßen. Kardinal Puljić legte aber im Gegenteil sehr sachlich dar, wie die bosniakische Regierung ihre Glaubensbrüder quasi kritiklos protegiert, Belange der Kirche jedoch völlig ignoriert und noch nicht einmal daran interessiert ist, die noch von den Kommunisten eingezogenen kirchlichen Vermögenswerte zurückzuerstatten. Alles in allem macht sich eine systematische Benachteiligung der nichtmuslimischen Bosnier bemerkbar, die von staatlichen Stellen offensichtlich sogar gefördert wird.

Ein weiteres Merkmal für die höchst bedenkliche Entwicklung des Wahhabismus in Bosnien findet sich bezeichnenderweise in der Person des Imam der sogenannten ›König-Fahd-Moschee‹ in Sarajevo. In übelster antisemitischer Manier hetzt Imam Nezim Halilović in dem millionenteuren Prunkbau vor den versammelten Gläubigen gegen Israel (›jüdischer Pseudostaat‹) und propagiert dessen Auslöschung, denn ›Tiere in Menschengestalt‹ würden den Gaza-Streifen in ein Konzentrationslager verwandelt haben. Der Hass des Imam gegen den Westen und Israel geht zurück auf den Bosnienkrieg, wo Halilović als Kommandant einer bosniakischen Brigade gedient hatte und bei dieser Gelegenheit Bekanntschaft mit den Mudschahedin aus arabischen und afrikanischen Staaten sowie Afghanistan machte. Die ›Gotteskrieger‹ aus dem Orient setzten schließlich die Saat des Islamismus, die mit den Jahren aufgegangen ist und bei Menschen wie Halilović nachhaltige Wirkung erzielt hat.

Nach Beendigung des Bosnienkriegs wuchs der Einfluss der Mudschahedin, von denen sich auch viele unter die humanitären Organisationen gemischt hatten und nur auf die Gelegenheit warten mussten, sich der notleidenden Muslime annehmen zu können. So wurden nach und nach zahlreiche Menschen, die unter dem Krieg und seinen Folgen litten, von den Wahhabiten indoktriniert und radikalisiert, während sie gleichzeitig von diesen Hilfe erfuhren. Ein westlicher Geheimdienstbeamter meinte, auf dem Balkan existierten viele Netzwerke des globalen Dschihad; es handle sich dort um ein ideales Rekrutierungsfeld für die Islamisten und Europa böte ideale Voraussetzungen, Ziele anzugreifen (vgl. Schirra 2015).

In der Tat sprechen die Anschläge der letzten Jahre (Madrid, London, Frankfurt, Brüssel, Toulouse, Paris) dafür, dass der Dschihad in Europa angekommen ist – und sich auf bosnischem Gebiet eine unbekannte Anzahl von kriegserprobten und terroristisch geschulten Rückkehrern befinden, die mit den ortsansässigen wahhabitischen Geistlichen und kaum versiegenden Geldströmen aus Saudi-Arabien im Begriff sind, Bosnien in einen islamistischen Staat zu verwandeln. Gemäß dem US-Geheimdienst CIA wurden die amerikanischen Behörden auch in Bosnien wachgerüttelt, denn »wenn es den Islamisten gelingt, in jeder neuen Moschee nur fünf Jugendliche für sich zu gewinnen, sind dies schon 500 im Jahr. Wir müssen befürchten, dass die Islamisten darauf abzielen, blonde Selbstmordattentäter heranzuziehen« (Rathfelder 2006, S. 121).

5. Vom vermeintlich hoffnungsvollen zum mutmaßlich gefallenen Staat

5.1. Aktuelle Ausgangslage

Christian Schwarz-Schilling, der ehemalige Bundespostminister im Kabinett Helmut Kohls und zwischen 2006 und 2007 der Hohe Repräsentant für Bosnien und Herzegowina, zeichnet ein düsteres Bild von der Lage in Bosnien. In einem Interview, das die *Berliner Zeitung* am 12. Februar 2014 mit Schwarz-Schilling geführt hat, hielt der in Balkanfragen stets engagierte CDU-Politiker fest, dass Europa seiner Verantwortung gegenüber Bosnien-Herzegowina nicht gerecht werde, und, was inbezug auf die Rolle Deutschlands als Triebfeder im Rahmen der europäischen Integration besonders schwer wiegt, dass Deutschland den Fokus auf den Balkan **restlos** verloren habe. Schwarz-Schilling sagte weiter, der Aufbau der Institutionen sei zum Erliegen gekommen und die Dysfunktionalität des Staates würde mit jedem Tag schlimmer werden. Was der Experte für Balkanfragen mit Schwerpunkt Bosnien-Herzegowina anspricht, führt in der logischen Konsequenz der Argumentationskette zur Gefahr der Bildung eines idealen Nährbodens für Extremisten, gleichgültig von welcher Ideologie sie geprägt sind.

Der Politikwissenschafter und Journalist Emir Suljagić, geboren in Srebrenica und Zeuge der Extermination der ortsansässigen muslimischen Bevölkerung, sieht etwa im bosniakischen Vertreter des Staatspräsidiums, Bakir Izetbegović (Sohn des 2003 verstorbenen ehemaligen bosnischen Präsidenten Alija Izetbegović), einen »Hardliner und Nationalisten, der alles dadurch erreicht hat, dass er Krokodilstränen über den Verlust unseres Volkes im Krieg vergoss« (Interview *Frankfurter Allgemeine Zeitung*, 11.10.2014). Suljagić, der im Oktober 2014 bei den allgemeinen Wahlen für den bosniakischen Sitz im Staatspräsidium kandidierte und gegen Izetbegović unterlag, betrachtet vor allem die Korruption als großes Problem. Viele Politiker würden dem Volk die Antwort schuldig bleiben, wie sie zu ihren mitunter riesigen Vermögen gekommen sind. Allein schon der Izetbegović-Clan soll über mehrere Hundert Millionen Dollar Privatvermögen verfügen, doch wie der Clan diesen Reichtum generiert hat, darüber schweigen sich laut Suljagić sogar die Steuerprüfer und Staatsanwälte aus, da diese politisch ernannt werden und dadurch in einem direkten Abhängigkeitsverhältnis zur Regierung stehen.

Darüber hinaus kritisiert der liberale Muslim Suljagić die offensichtliche Nähe Izetbegovics zum türkischen Staatspräsidenten Recep Tayyip Erdogan und dessen Bemühungen, in Bosnien Einfluss auf die muslimische Bevölkerung zu nehmen – mit der Unterstützung des bosniakischen Präsidenten, dessen Gesten gegenüber Erdogan Suljagić als Unterwerfung bezeichnet. So wurde Izetbegović im Rahmen einer Veranstaltung im Vorfeld der türkischen Präsidentschaftswahlen im August 2014 live zugeschaltet und ehrte den für seine national- und religionskonservative Politik berüchtigten Erdogan, indem er – Erdogan –, »viel für die türkische Nation und die muslimische Welt getan und der *Umma* (islamische Weltgemeinschaft) ihren Stolz zurückgegeben habe« (*Frankfurter Allgemeine Zeitung*, 11.10.2014). Damit steht Bakir Izetbegović ganz in der Tradition der Politik seines Vaters, die darauf abzielte, sozusagen eine geschlossene islamische Gesellschaft zu schaffen, die die ›wahren‹ Werte des Islam wieder leben sollte.

Ähnlich distanziert zum türkischen Präsidenten äußert sich auch der langjährige religiöse Führer der bosnischen Muslime, Mustafa Cerić. So soll Erdogan gesagt haben, dass ihm Alija Izetbegović persönlich Bosnien ›zum Schutz‹ anvertraute, als dieser bereits im Sterben lag. Cerić meint dazu, Erdogan solle erst mal soviel in Bosnien investieren, wie Slowenien dies tue; erst dann glaube er, dass sich Erdogan wirklich um Bosnien kümmere. Tatsächlich aber unterstützt Erdogan in erster Linie den Izetbegović-Clan, der Bosnien laut Cerić als ›Privateigentum‹ betrachte.

Die Servilität des Bakir Izetbegović gegenüber Erdogan erkennt ebenfalls Fahrudin Radončić, neben Suljagić und Cerić Kandidat für das Amt des bosnischen Vertreters im Staatspräsidium und mutmaßlich der reichste Mann in Bosnien. Radončić sieht in Izetbegović gar eine Marionette des türkischen Präsidenten bzw. dessen Politik, die beinhalte, Bosnien als »Flugzeugträger für die neoosmanische Wiedergeburt und die Rückkehr eines konservativen Islam« zu benutzen. Der Medienunternehmer Radončić, der während des Kriegs als Pressesprecher der bosnischen Armee fungierte, führt weiter aus, dass Bosnien sich nach dem Westen, nach Europa, wo es hingehöre, richten solle, denn dort seien seine Freunde.

Die Wahl gewonnen hatte dann schließlich doch (wieder) der Sohn des ›Kriegspräsidenten‹ Alija, Bakir Izetbegović, der weiterhin im Staatspräsidium des Landes verbleibt. Doch die geringe Wahlbeteiligung über gerade etwas mehr als 54 Prozent war nur ein Ausdruck der Unzufriedenheit und Wut der Bürger über die miserable Situation in Bosnien. Untersuchungen haben ergeben, dass in der gesamten Legislaturperiode zwischen 2010 und 2014 gerade mal 3 Prozent der Wahlversprechen umgesetzt wurden. In einem Beitrag des *Deutschlandfunk* vom 11. Oktober 2014 wurde offenbar, dass die Jugendarbeitslosigkeit gewaltige 70 Prozent beträgt, der sogenannte ›Fortschrittsbericht‹ der EU attestiert Bosnien ein desaströses Armutszeugnis; so bewegt sich das Land ständig am Abgrund zum Bankrott, Auslandsinvestitionen werden kaum getätigt und die Korruption blüht – so wie der Staat immer tiefer im Morast der Vetternwirtschaft und Kriminalität versinkt.

Der emeritierte Professor am Osteuropa-Institut der Freien Universität Berlin, Holm Sundhaussen, notierte im April 2012 zum 20. Jahrestag des Beginns des Bosnienkriegs, dass »die Erwartungen und Hoffnungen (vornehmlich) ausländischer Beobachter, wonach dem Kriegsende eine baldige kritische Auseinandersetzung mit den Ursachen für den Krieg folgen würde, wirklichkeitsfremd gewesen seien« (Zeitgeschichte online, April 2012). Der Politologe Asmir Mujkić von der Universität Sarajevo umschrieb es wie folgt: »Alle unsere politischen Eliten machen mit nationalistischen Ideologien ihre Politik, damit mobilisieren sie ihre Massen, um Wahlen zu gewinnen. Im Wahlkampf benutzen sie eine nationalistische Hasssprache gegeneinander.« Und: »Sie wollen die Kontrolle über ihre nationalen Gebiete und keinen multikulturellen Staat Bosnien-Herzegowina. Solange das so ist, wird es bei uns keinen Fortschritt geben.«

Die Probleme, die die schroffe ethnische Abgrenzung mit sich brachte, waren bereits mit dem Dayton-Abkommen gesetzt. Die Einführung der Proporzwahl nach ethnischer Zugehörigkeit erschien zu Beginn der Befriedung zwar durchaus sinnvoll, doch stellte sich diese Praxis schnell als zu festgefahren heraus und war der innenpolitischen Flexibilität nicht zuträglich. Politikwissenschaftler Suljagić geht noch weiter und meint, die ›Daytonisten‹ (nach Suljagić' Diktion die politische Klasse Bosniens) seien Menschen, die über keinerlei Fähigkeiten verfügten und »nur als Parasiten eines absurden politischen Systems dienten«. Die harschen Worte Suljagić' bringen, unabhängig davon, dass er selbst auch für das Amt im Staatspräsidium kandidierte und ergo genauso zur politischen Klasse gehört, die abgrundtiefe Verzweiflung vieler Bosnier zum Ausdruck. Die Menschen haben den Glauben an einen funktionierenden Staat schon längst verloren, zumal sie die übel grassierende Korruption nahezu jeden Tag hautnah miterleben. Arbeits-

und Jugendarbeitslosigkeit sprengen die Grenzen der volkswirtschaftlichen Belastbarkeit, und genau da setzen die wahhabitischen Rattenfänger und ihre saudischen Geldgeber an.

Wie tief diese Praxis der Unterwanderung und Indoktrinierung der jungen Muslime auf dem Balkan schon verankert ist, zeigte der deutsche Historiker Ekkehard Kraft in der *Neuen Zürcher Zeitung* am 9. Dezember 2014 auf. Aus seinem Artikel geht hervor, dass die Anziehungskraft des ›Islamischen Staats IS‹ und etwa der Jabhat al-Nusra, des syrischen Ablegers der al-Qaida, vor allem auf orientierungslose, aber bereits von den Wahhabiten getrimmte zumeist junge Männer (Frauen sind eher die Ausnahme) fatal wirkt. Hat sich die Ausbreitung salafistischer bzw. wahhabitischer Muslime zunächst noch auf Bosnien selbst beschränkt, so folgen seit einiger Zeit vermehrt auch albanische, kosovarische und mazedonische Islamisten dem Ruf aus Syrien und Irak – freilich neben den vielen in West- und Mitteleuropa ›beheimateten‹ Muslimen (gleichgültig, ob geborene oder konvertierte, wobei sich die konvertierten Muslime häufig als noch radikaler zu erkennen geben), die sich im Krieg oder andernorts ausbilden lassen und zu einem späteren Zeitpunkt zurückkehren mit dem Ziel, in Europa Anschläge zu verüben.

5.2. Einschätzungen

Die Entwicklung des multiethnischen Landes auf dem Balkan seit dem Abkommen von Dayton hat bislang vor allem der Korruption Tür und Tor geöffnet. Die wenigsten Bosnier, ob Bosniaken, Serben oder Kroaten, haben an den Unterstützungsmaßnahmen und Wiederaufbauhilfen partizipieren können, bzw. diejenigen, die sich einen gewissen Wohlstand erarbeitet haben, sind selbst in den Augen ihrer bitterarmen Landsleute mit dubiosen Methoden dazu gekommen. Denn während die monatlichen Durchschnittslöhne zwischen 260 und 300 Euro betragen, lassen sich Politiker wie Milorad Dodik, Präsident der Serbischen Republik, Amtssitze für zig Millionen errichten. Bakir Izetbegović, der Muslimführer, steht bei den eigenen Leuten im Verdacht, Verbindungen zum organisierten Verbrechen zu haben, was der Sohn des beim Volk nach wie vor geliebten Alija freilich leugnet. Doch sogar ein UNO-Bericht über verschwundene Hilfsgelder in Bosnien bezichtig Izetbegović junior laut dem Zürcher *Tages-Anzeiger* vom 22.02.2014 der Korruption, zumal der Präsident der Föderation Bosnien-Herzegowina Bauaufträge gegen Schmiergelder verteilt haben soll und überhaupt die komplette Baubranche in Sarajevo kontrolliere.

Parallel dazu pumpen die Saudis Hunderte Millionen Dollar in die Islamisierung wahhabitischer Prägung, was vor allem in Form der palastartigen, geradezu pompösen König-Fahd-Moschee in Sarajevo zum Ausdruck gekommen ist. Darüber hinaus finanziert der konservative steinreiche Ölstaat die emsigen Umtriebe lokaler Paladine zum Zwecke der Verbreitung des ›wahren‹ Islam, wobei die extremistischen Lakaien zumeist nicht gerade zimperlich vorgehen. Von Einschüchterungen über Gewaltandrohungen bis hin zu Morden, deren Aufklärung in aller Regel versandet, da die bosnische Justiz vor den Wahhabiten kapituliert hat, reicht das Spektrum der aggressiven Indoktrination, gegen die der Staat bzw. dessen Verantwortliche anscheinend gar nicht vorzugehen gewillt sind. Das zeigt sich schon daran, dass sehr viele soziale Dienstleistungen von den Wahhabiten ausgehen, da sich der Staat davon schon lange verabschiedet hat (siehe *Neue Zürcher Zeitung*, 12.09.2014).

Und solange ›der Westen‹, sprich die in der EU politisch maßgeblichen Staaten, sowie ganz besonders die USA als Weichensteller des Dayton-Abkommens, nicht wirklich erkennen

will oder kann, was sich in der Föderation Bosnien-Herzegowina anbahnt, wird sich dort gar nichts ändern, jedenfalls nicht
zum Positiven. Es ist im Gegenteil so, dass etwa die Bundesrepublik Deutschland am 6. November 2014 ein neues Gesetz in
Kraft treten ließ, das Bosnien und Herzegowina asylrechtlich
als sicheren Herkunftsstaat einstufte mit der Begründung, es
drohe keine staatliche Verfolgung; entsprechende Asylanträge
würden zukünftig als ›unbegründet‹ zurückgewiesen. Doch aufgrund der für viele Menschen schlechten Lebensbedingungen
sei die Regierung angehalten dafür zu sorgen, dass alle Bürger
des Landes denselben Zugang »zu staatlichen Leistungen, zum
Gesundheits- und Bildungsbereich erhalten«.

In Anbetracht der kleptokratisch anmutenden politischen
Verantwortungsträger müssen solche Aussagen, zumal noch of-
fizielle, den resignierten Menschen wie Hohn in den Ohren klin-
gen, sind sie doch nichts weiter als die ewigen gebetsmühlen-
artigen und vor allem hypokritischen Arien gegenüber menschen-
verachtenden Regimen wie China oder Saudi-Arabien, man solle
doch bitte ein wenig mehr die Menschenrechte respektieren
(obschon gerade derartige Anmerkungen inbezug auf die USA
diplomatisch gesagt ›zweifelhaft‹ sind, zeichnen sich doch die
Amerikaner auch nicht sonderlich aus, wenn es um die Achtung
und Wahrung der Menschenrechte geht, wie die Behandlung
von Gefangenen im sogenannten ›Kampf gegen den Terror‹ im
Irak und auf Guantanamo gezeigt hat). Zugleich verkündete
die Deutsche Botschaft in Sarajevo in einem offiziellen State-
ment, dass »die anhaltende Diskriminierung von Minderheiten
inakzeptabel« und »mit europäischen Menschenrechtsstandards
nicht vereinbar« sei. Die Frage stellt sich nun, ob sich Deutschland dieses eklatanten Widerspruchs überhaupt bewusst ist und
was Gültigkeit besitzt, d.h. ob nun Verfolgung droht oder nicht.

Die renommierte deutsche Heinrich-Böll-Stiftung sieht die
Einschätzung der Deutschen Botschaft völlig anders und lässt

den Rechtsanwalt und Experten in Asylfragen, Reinhard Marx, in einem ausführlichen Gutachten Stellung dazu beziehen. Marx, der sich auch beruflich auf das Asylrecht spezialisiert hat, hält fest, dass im Kampf gegen organisiertes Verbrechen und Terrorismus kaum Fortschritte erzielt worden seien und dass Bosnien die internationalen Instrumente zum Schutz der Menschenrechte unzureichend umgesetzt habe. Das bosnische Anti-Diskriminierungsgesetz lässt erwiesenermaßen zu viele ›Ausnahmen‹ zu, wodurch der Hetze und Verfolgung gegen religiöse und/oder ethnische Minderheiten Boden bereitet wird und die Polizei entsprechende Vergehen kaum ahndet bzw. gar nicht erst aufzuklären gewillt ist. *Der Tagesspiegel* vom 18.09.2014 vermerkt dazu folgendes: »Sicher ist aber, dass der bosnische Rechtsstaat so wenig entwickelt ist und unter einem so starken Einfluss von Parteiinteressen steht, dass Bürger oft nicht zu ihrem Recht kommen.«

In der Schweiz steht die Föderation Bosnien-Herzegowina bereits seit dem 25. Juni 2003 auf der Liste der ›Safe Countries‹, der als verfolgungssicher geltenden Herkunftsländer. Auf Ersuchen der damaligen Nationalrätin der Sozialdemokratischen Partei, Vreni Müller-Hemmi, an den Bundesrat, Bosnien wieder von besagter Liste zu streichen, antwortete dieser, dass sich die Lage seit dem Abkommen von Dayton »deutlich verbessert« (Stellungnahme des Bundesrats vom 12.05.2004) habe; zudem sei Bosnien seit 2002 Mitglied des Europarats und habe die Menschenrechtskonvention ratifiziert. Überdies seien die Wahlen im Oktober 2002 »laut übereinstimmender Meinung aller Beobachter frei und fair verlaufen«. Die Naivität der Regierung ist gewissermaßen erschreckend und ignorant zugleich, da der Bundesrat sich hierbei ausschließlich auf die Interpretation der Lage in Bosnien bezieht, wie sie als offizieller Standpunkt der Europäischen Union und den USA vorherrscht – entgegen des Bildes, das sowohl von den Geheimdiensten, den

Vereinten Nationen als auch etlichen Gutachten und Beobachtungen von unabhängiger Seite gezeichnet wird.

So hielt Müller-Hemmi in ihrer Motion* an den Bundesrat fest, dass die Schweiz im Juni 2003 »Bosnien-Herzegowina als erster und einziger Staat zum Safe Country« (Motion Müller-Hemmi 03.03.2004) erklärt habe, obschon die Voraussetzungen dafür nicht gegeben waren. Im Weiteren konstatierte die sozialdemokratische Abgeordnete, dass die Meinung des UNHCR (das UNO-Flüchtlingskommissariat hatte sich im Juli 2003 explizit gegen die Einstufung Bosniens als Safe Country ausgesprochen) offensichtlich nicht berücksichtigt wurde.

Erwartungsgemäß beantragte der Bundesrat die Ablehnung der Motion, die in der Frühjahrssitzung der eidgenössischen Räte am 15.03.2006 – zwei Jahre nach Einreichung – behandelt wurde und in der Folge mit 95:60 Stimmen der Ratsmehrheit ebenso erwartungsgemäß unterlag, was insofern nicht weiter verwundert, als das Schweizer Parlament von den Bürgerlichen dominiert wird. Die Ratsrechte und die Mehrheit der politischen Mitte waren sich einig, dass in dieser Frage kein Handlungsbedarf besteht, wobei die Rechte, vor allem die national-konservative Schweizerische Volkspartei SVP, in asylpolitischen Belangen selten bis nie Kompromisse eingeht und am liebsten ihren eigenen knallharten Kurs fährt, während die Mitteparteien dem Bundesrat meistens nach dem Mund reden.

Unter dem Strich muss konstatiert werden, dass von verschiedener Seite zwar Probleme in bezug auf die Einhaltung der Menschenrechte erkannt und auch kritisiert werden, jedoch machen die erwähnten Seiten – die Vereinten Nationen, die Europäische Union und die USA – nicht den Eindruck, als würden sie sich der instabilen Situation in Bosnien-Herzegowina

---

* Eine Motion ist in der Schweiz ein parlamentarischer Antrag auf eine Gesetzesänderung oder auf das Ergreifen einer Maßnahme.

ernsthaft annehmen wollen. Es reicht nicht, die politischen Verantwortungsträger im Land regelmäßig an ihre Verpflichtungen zu erinnern, die sie mit der Ratifizierung der Menschenrechtskonvention eingegangen sind; die Konsequenz dieser weitgehend sinnlosen Appelle ist eine Verhärtung der Verhältnisse, die über kurz oder lang erneut zu einem Krieg führen könnte, aber mit dem Unterschied, dass dieser mit hoher Wahrscheinlichkeit von den wutentbrannten Bürgern selbst entfacht würde. Tatsache ist, dass sowohl die Völkergemeinschaft als auch die politischen Leitfiguren in Bosnien zügig handeln und der Korruption mit aller Härte begegnen müssen. Nur dann besteht vielleicht eine kleine Chance, den Islamisten das Wasser abzugraben und jungen gefährdeten Muslimen dadurch eine Perspektive zu bieten.

5.3. Gelehrsamkeit versus Fundamentalismus

Neben dem Kampf gegen die Korruption, die den Wahhabiten als Nährboden zur Rekrutierung resignierter und desillusionierter junger Muslime geradezu ideal dient, sind die ›liberalen‹ islamischen Theologen und vor allem die Imame, die direkt Zugang zu den Gläubigen haben, gefordert, ihre junge Klientel mit einem modernen, progressiven Islam vertraut zu machen. Die älteren Menschen, d.h. jene Muslime, die ihren Glauben tolerant leben, sind nicht das Problem; die dogmatische Ausrichtung, die dem Wahhabismus zu eigen ist, war in Bosnien zu keiner Zeit ein Thema, selbst unter türkischer Herrschaft nicht. Das dunkle Kapitel der muslimischen SS-Division ›Handžar‹ stellt historisch eine eigene Nische dar, die nicht mit dem arabisch geprägten Fundamentalismus in Verbindung gebracht werden kann. Ansonsten haben die zumeist sunnitischen Muslime in Bosnien, wie bereits mehrfach erwähnt, nie einen Bezug zu Hardlinern gehabt und wollten es auch nicht. Die jahrhundertelange Verwurzelung der dritten und letzten abrahamitischen Religion auf europäischem Boden vermochte nicht, gleichzeitig auch den gewohnten Lebensstil und die säkulare Sicht der Dinge zu verbrämen. Diese an sich gesunde, weil dadurch auch relativierende Vermischung von Glauben und Rationalität hat sich in Bosnien bewährt, analog dem christlichen Glauben, dessen Säkularisierung seit der Aufklärung dazu geführt hat, dass die Kriege in Europa spätestens ab dem Beginn des 19. Jahrhunderts nur noch selten religiösen Hintergrund aufwiesen.

Eine dieser seltenen Ausnahmen war etwa der Sonderbundskrieg in der alten Schweiz 1847, aus dem der moderne Bundesstaat erwuchs. Sonst waren weder die französischen Revolutionäre, Napoleon I., die kriegsführenden Parteien im deutschfranzösischen Krieg noch die Befreiungskriege auf dem Balkan, die zerstrittenen Mächte im Ersten Weltkrieg und schon gar nicht Adolf Hitler getrieben von einem religiösen Motiv; diese Kriege dienten primär der Gebietserweiterung oder Befreiung von Fremdherrschaft und im Fall von Hitler sogar der Vernichtung ganzer Völker. Selbst die jugoslawischen Kriege in den 1990er Jahren hatten weniger mit religiösem oder ›völkischem‹ Hass, sondern vielmehr mit den Machtgelüsten der politischen Eliten zu tun. Erst die Verpflichtung von ausländischen Mudschahedin durch Alija Izetbegović zur Unterstützung gegen den serbischen Vormarsch führte zur Annahme, im Fall des jugoslawischen Bürgerkriegs handle es sich um einen neuen Religionskrieg in Europa, was aber wie erwähnt nur bedingt den Tatsachen entspricht.

Global hat sich die Lage bezüglich glaubensbedingter Auseinandersetzungen insofern gefährlich entwickelt, als seit dem Erscheinen des saudiarabischen ehemaligen Bauunternehmers Osama bin Laden auf der Bühne des internationalen Terrorismus' religiös motivierte Kriege und Zwistigkeiten an Aktualität gewonnen haben. Das Schüren des Hasses auf den Westen in der islamischen Welt durch den Multimillionär bin Laden, dessen religiöses, ideologisches und letztlich politisches Weltbild stark vom Wahhabismus geprägt war, stieß im Lauf der Jahre auf fruchtbaren Boden und gewann immer mehr Sympathisanten und Aktivisten, die sich in bin Ladens al-Qaida vereinten und zu Terroristen ausgebildet wurden. Charakteristisch für kriminelle Vereinigungen wie al-Qaida ist der selbstzerstörerische Fanatismus der Protagonisten, die im Glauben an einen besonderen Platz im Paradies mittels Selbstmordanschlägen so viele Menschen wie nur möglich in den Tod mitzureißen beabsichtigen.

Aus diesem Grund sind solche Terrorgruppierungen oder -zellen hochgradig gefährlich, weitaus gefährlicher als etwa die linksextremen Terroristen der ›Rote Armee Fraktion‹ in den 70er und 80er Jahren in Deutschland, da diese einerseits unnötige Opfer vermieden und auf der anderen Seite Wert auf das eigene (Über-) Leben legten. Wie weit islamistische Terroristen gehen können, zeigte der bislang wohl schlimmste Anschlag in der Geschichte der Menschheit am 11. September des Jahres 2001, als 19 Selbstmordattentäter vier Flugzeuge in den USA kaperten und sowohl die Twin Towers des World Trade Center in New York zum Einsturz brachten als auch dem Pentagon schwere Schäden zufügten.

Diese neue Dimension des Terrors, die damals 3000 Todesopfer forderte, führte jedoch nicht dazu, sich dem Gewaltphänomen mit der nötigen Rationalität anzunähern. Die ›Falken‹ in der Bush-Administration (2000 bis 2008) drängten zum Krieg, zuerst in Afghanistan, wo das Taliban-Regime im Verdacht stand, Osama bin Laden Unterschlupf zu gewähren, dann in wesentlich dramatischerem Ausmaß im Irak, dessen Herrscher Saddam Hussein seitens der Amerikaner unterstellt wurde, Nuklearwaffen zu produzieren. Der Rest der Geschichte ist bekannt: Die Story von den Massenvernichtungswaffen erwies sich als haltlos und diente nur dazu, einen Krieg im Irak zu rechtfertigen und George Bush jr. die Möglichkeit zu eröffnen, das Werk zu vollenden, das von George Bush sen. zehn Jahre zuvor begonnen worden war.

In ihrem übermütigen und jegliche Differenzierung ausblendenden Kampf gegen den Terrorismus nahm die Entourage um den US-Präsidenten, allen voran Bushs Vize Dick Cheney und Verteidigungsminister Donald Rumsfeld, in Kauf, im Irak ein Chaos sondergleichen zu hinterlassen. Als Konsequenz des blindwütigen Kriegs im Irak bildeten sich zunächst ein Ableger der al-Qaida im Kriegsgebiet unter Führung des blutrünstigen Sunniten Abu Mus'ab az-Zarqawi sowie fast gleichzeitig der sogenannte ›Islamische Staat im Irak und Syrien ISIS‹, der gerade in den vergangenen Jahren mit äußerster Brutalität operierte und weite Teile Syriens und des Irak unter seine Kontrolle gebracht hat.

Unabhängig davon, dass al-Qaida und IS(IS) die zurzeit wohl größte Gefahr für die Stabilität auf dem Globus darstellen, tragen die USA und ihre Verbündeten mitunter auch nicht eben viel zu deren Förderung bei. Allerdings existiert keine Patentlösung zur Behebung dieser komplett verfahrenen Lage, in der die Welt seit den beispiellosen Anschlägen in den USA zu stecken scheint; die Rechnung des 2011 von einer Spezialeinheit der US Navy erschossenen ›Terrorpaten‹ Osama bin Laden ist offensichtlich aufgegangen, denn die Folgen der Attentate vom 11. September 2001 sind allgegenwärtig: Überwachung bis hin zum Bruch der Persönlichkeitsrechte, latente Angst vor Terroranschlägen in allen Teilen der Welt, Krieg, Misstrauen und Generalverdacht gegen Muslime (was in Anbetracht der aufgeheizten Stimmung hüben wie drüben – Islamfeinde versus Islamisten bzw. Sympathisanten – nicht verwunderlich ist) etc.

In bezug auf den letzten Punkt sind namentlich all jene gefordert, die entweder eine starke Affinität zu islamischen Fragen aufweisen oder auf der anderen Seite dem Islam prinzipiell kritisch gegenüberstehen; Fundamentalisten aus beiden Lagern dürfte es schwerfallen, sich objektiv mit dem Islam, geschweige denn mit der islamischen Theologie auseinanderzusetzen. Dabei muss genau da angesetzt werden, denn die vermutlich einzige Lösung zur Bewältigung insbesondere von Vorurteilen könnte in der Debatte um einen sogenannten ›aufgeklärten‹ Islam liegen. Am Ende stünde idealerweise – analog dem Christentum – eine Art ›Neues Testament‹ bzw. ein ›neuer‹ Koran.

Der deutsche Islamwissenschaftler Muhammad Sameer Murtaza fordert die islamischen Verbände und Moscheegemeinden sowie Imame und Theologen auf, sich an einen Runden Tisch zu setzen, um gemeinsam mit Vertretern von Kirchen, Sozialbehörden, Politik und Polizei nach Lösungen zu suchen, wie muslimische Jugendliche von wahhabitischen bzw. salafistischen Verführern ferngehalten werden können. Darüber hinaus müssten laut Murtaza die Moscheegemeinden dringend Aufklärungskampagnen zum Wahhabismus lancieren und die Jugend- und Gemeindearbeit professionalisieren, denn bis dato würden diese nur ehrenamtlich ausgeübt. Um junge muslimische Jugendliche wirksam auf die Gefahren des Islamismus aufmerksam zu machen, ist jedoch Aufklärung vonnöten, die bspw. nur von ausgebildeten Imamen oder liberalen Theologen geleistet werden kann. Gleichzeitig muss der muslimischen Jugend in Deutschland und andernorts in Europa die Allmacht des Rechtsstaats, der auf dem Laizismus beruht, in allen Facetten und nachvollziehbar erklärt werden, denn sehr viele aus muslimischen Familien stammende junge Menschen werden so erzogen, dass der Wille Allahs über allem steht, weshalb es auch nicht zuletzt deshalb zur Bildung von Parallelgerichten gekommen ist und immer noch kommt.

Murtaza, ein Deutscher mit pakistanischen Wurzeln und für die Stiftung ›Weltethos‹ tätig, verficht zudem die These, dass die Schule maßgeblich ist für die Prävention, weshalb man auch dort ansetzen sollte. Aus diesem Grund plädierte er im Fachmagazin für Migration und Integration MIGAZIN vom 07.08.2014 für einen flächendeckenden und alle Klassenstufen umfassenden islamischen Religionsunterricht, den sogenannten IRU, dessen Umsetzung jedoch problematisch ist, »so lange – trotz Lehrermangel, Quereinsteigern, Islamwissenschaftlern und Theologen – der Zugang zum islamischen Religionsunterricht verwehrt bleibt und die Kultusministerien auf die Lehramtsabsolventen für den IRU warten wollen, wird es schätzungsweise noch 40 Jahre dauern, bis ein wirklich flächendeckender Religionsunterricht angeboten werden kann«.

6. Epilog

Die Familie Kadrić hatte ihr Haus, ihre Freunde, Verwandten und alles andere zurückgelassen, um so rasch wie möglich aus Bosnien aus- und in die Schweiz einzureisen. Bereits zum zweiten Mal sahen sich die Eheleute, vor allem zum Schutz ihrer beiden Kinder, gezwungen, andernorts Aufnahme und Sicherheit zu finden, weshalb Emir und Dragica Kadrić den sicheren Hafen Schweiz ansteuerten in der Hoffnung, daselbst ebenfalls Asyl zu erhalten, wie es ein paar Jahre zuvor in Bregenz der Fall gewesen war.

Nachdem die Familie zunächst in St. Gallen in der Ostschweiz Aufnahme gefunden und im September 2011 einen Antrag um Asyl gestellt hatte, verbrachte sie die folgenden Monate bis zum Sommer 2012 in einem entsprechenden Zentrum, wo sie einen ersten negativen Bescheid der Behörden erhielt; man ließ die Kadrićs wissen, dass ihre Situation einen Asylstatus nicht rechtfertigen würde, zumal Bosnien-Herzegowina offiziell schon seit mehreren Jahren als ›Safe Country‹ gelte. Mit der Unterstützung eines Rechtsbeistands reichte die Familie beim Bundesverwaltungsgericht BVG, der obersten juristischen Instanz in Asylfragen, Beschwerde ein, worauf die Angelegenheit von Amts wegen nochmals einer Prüfung unterzogen wurde. Wiederum ein paar Monate danach, Emir und Dragica waren mit ihren beiden Kindern in der Zwischenzeit nach dem Kanton Bern verlegt worden, erfolgte die Rückweisung der Beschwerde bzw. Bestätigung des behördlichen Entscheids. Der Rechtsbeistand der Familie versuchte es mit einer zweiten Beschwerde, nicht zuletzt wegen des Gesundheitszustands von Dragica, die im Zuge der gesamten nervenaufreibenden Situation psychisch erkrankte und auf Behandlung angewiesen war. Die Angst vor allem um ihren Sohn Senad, der in der Heimat massiv bedroht worden war, ließ sie in eine schwere Depression stürzen, doch das BVG beharrte auf seiner Entscheidung und teilte der Familie im März 2014 mit, dass sie die Schweiz wieder verlassen müsse.

In der Folge wurden etliche Anstrengungen unternommen, die Kadrićs als sogenannten ›Härtefall‹ einzustufen, wodurch sie nach geltendem Recht trotz Ablehnung des Asylgesuchs eine Aufenthaltsbewilligung für ein Jahr erhalten hätten. Dazu musste ein Antrag beim für das Asylwesen zuständigen Bundesamt für Migration eingereicht werden, doch die Crux an dieser Regelung, die im Zuge der Asylgesetzrevision im Januar 2007 in Kraft getreten war, bildete quasi das Vetorecht des jeweiligen Kantons, wo die Antragsteller gemeldet waren. Mit anderen Worten: Wenn der Kanton bzw. die zuständige Behörde, in diesem Fall das Amt für Migration und Personenstand in Bern, keine ausreichenden Gründe für ein Verbleiben des Asylbewerbers zu erkennen glaubt, ist dessen Schicksal besiegelt, und er muss das Land verlassen.

Da seit oben erwähnter Revision das BVG die letzte Instanz darstellt, ist ein Rekurs an das Bundesgericht ausgeschlossen, womit für die Familie Kadrić sämtliche Rechtsmittel ausgeschöpft waren; weder ärztliche Gutachten zum Gesundheitszustand von Dragica Kadrić noch ein Gesuch an den Bundesrat konnten die Familie vor der Rückführung in die instabile Heimat retten; man insistierte darauf, dass Bosnien- Herzegowina ein sicherer Staat sei, wo keine Verfolgung mehr drohe, während gleichzeitig zahlreiche Verbände wie Nichtregierungsorganisationen, Hilfswerke, die Kirche sowie Medien und vereinzelte Politiker auf nationaler Ebene das genaue Gegenteil äußern: Es herrscht durchaus ein Klima der Verfolgung in Bosnien, wobei die Hauptleidtragenden Sinti, Roma, andere ethnische Minderheiten sowie Homosexuelle und eben Angehörige von religiös respektive ethnisch gemischten Familien sind.

Im Verlauf des Monats März 2015 war es schließlich so weit, und die Kadrićs wurden aufgefordert, die Schweiz binnen wenigen Tagen zu verlassen. Die Tochter hatte sich schon zuvor entschieden, in Schweden, wo die Familie entfernte Verwandte besaß, um Asyl nachzufragen, indessen der Sohn den Weg nach Belgrad auf sich nahm. Senads Großvater mütterlicherseits, ein schwerer Alkoholiker und Tunichtgut, lebte in der serbischen Hauptstadt und war eigentlich gar nicht in der Lage, sich um seinen Enkel zu kümmern, doch der junge Mann zog diese Option der erneuten drohenden Verfolgung durch die Wahhabiten in Gradačac vor. Emir und Dragica jedoch hatten keine andere Wahl, als sich wieder in ihrer Heimatstadt niederzulassen und darauf zu hoffen, den Islamisten und ihren Anhängern nicht zum Opfer zu fallen. Dabei hatten sie schon genug damit zu tun, das Auseinanderbrechen der Familie zu verarbeiten.

Literaturverzeichnis

- Dunja Melčić: Der Jugoslawien-Krieg, Handbuch zur Vorgeschichte. Wiesbaden 2007 (VS Verlag für Sozialwissenschaften).
- Reinhard Lauer / Hans Georg Majer: Osmanen und Islam in Südosteuropa. Berlin 2013 (de Gruyter).
- Friedrich Salomon Krauss: Slawische Volksforschungen. Leipzig 1908, Neuauflage Paderborn 2013 (Salzwasser Verlag).
- Philipp Charwath: Der Untergang einer mittelmäßigen Macht, die Großmacht sein wollte. Berlin 2011 (epubli).
- David Motadel: Islam and Nazi Germany's War. Cambridge/Mass. 2014 (Belknap Press).
- George Lepre: Himmler's Bosnian Division: The Waffen-SS Handschar: Waffen SS Handschar Division 1943-1945. Atglen/PA 1997 (Schiffer Publishing Ltd).
- Hans Adolf Jacobsen: Der Weg zur Teilung der Welt. Politik und Strategie 1939-1945. Bonn 1977 (Wehr & Wissen).
- Wolfgang Libal: Die Serben. Blüte, Wahn und Katastrophe. Berlin-München-Wien 1996 (Europa).
- Imanuel Geiss/Gabriele Intemann: Der Jugoslawienkrieg. Frankfurt a.M. 1995 (Diesterweg).
- Holm Sundhaussen: Geschichte Serbiens: 19. - 21. Jahrhundert. Wien-Köln-Weimar 2007 (Böhlau).
- Radovan Samardžić / Sima M. Ćirković / Olga Zirojević / Radmila Tričković / Dušan T. Bataković / Veselin Đuretić / Kosta Ćavoški / Atanasije Jevtić: Kosovo und Metochien in der serbischen Geschichte. Lausanne 1989 (Editions L'Age d'Homme).
- Wilfried Hinsch / Dieter Janssen: Menschenrechte militärisch schützen: Ein Plädoyer für humanitäre Interventionen. München 2006 (C.H. Beck).
- Dobrica Ćosić / Slavoljub Đukić: Un homme dans son époque. Lausanne 1991 (Editions L'Age d'Homme).
- Carl Polonyi: Heil und Zerstörung: Nationale Mythen und Krieg am Beispiel Jugoslawiens 1980 – 2004. Berlin 2010 (Berliner Wissenschafts-Verlag).
- Wolfgang Benz: Vorurteil und Genozid: ideologische Prämissen des Völkermords. Wien-Köln-Weimar 2010 (Böhlau).

- Kurt Köpruner: Reisen in das Land der Kriege: Erlebnisse eines Fremden in Jugoslawien. Wien 2010 (Promedia).
- Cathrin Schütz: Die NATO-Intervention in Jugoslawien: Hintergründe, Nebenwirkungen und Folgen. Wien 2003 (new academic press).
- Tania Wettach-Zeitz: Ethnopolitische Konflikte und interreligiöser Dialog: Die Effektivität interreligiöser Konfliktmediationsprojekte. Stuttgart 2007 (Kohlhammer).
- Alija Izetbegović: The Islamic Declaration: A Program for the Islamization of Muslims and the Muslim People. Sarajevo 1990.
- Regina Fritz / Carola Sachse / Edgar Wolfrum: Nationen und ihre Selbstbilder: postdiktatorische Gesellschaften in Europa. Göttingen 2008 (Wallstein).
- Andrijana Preuss: Friedensaufbau durch internationale Polizeieinsätze in ethnonationalen Konflikten Bosnien-Herzegowinas am Beispiel der WEU-Polizei in Mostar. Berlin-Münster-Wien-Zürich-London 2004 (LIT).
- Erklärung des Internationalen Komitees der Vierten Internationale: Marxismus, Opportunismus und die Balkankrise. Essen 1994 (Mehring).
- Annegret Bendiek: Der Konflikt im ehemaligen Jugoslawien und die Europäische Integration. Wiesbaden 2004 (VS Verlag für Sozialwissenschaften).
- Jürgen Elvert: Der Balkan: Eine europäische Krisenregion in Geschichte und Gegenwart. Stuttgart 1997 (Franz Steiner).
- Anja Mutić / Vesna Marić: Lonely Planet Kroatien. Lonely Planet Deutschland 2013.
- Erich Rathfelder: Schnittpunkt Sarajevo. Berlin 2006 (Hans Schiler).
- Carsten Gansel / Heinrich Kaulen: Kriegsdiskurse in Literatur und Medien nach 1989. Göttingen 2011 (V+R Unipress).
- Christian Konle: Makrokriminalität im Rahmen der jugoslawischen Sezessionskriege. München 2010 (Herbert Utz).
- Julija Bogoeva / Caroline Fetscher: Srebrenica – ein Prozess. Frankfurt a.M. 2002 (edition suhrkamp).
- Friedrich Jäger: Das internationale Tribunal über Kriegsverbrechen im ehemaligen Jugoslawien: Anspruch und Wirklichkeit. Berlin-Münster-Wien-Zürich-London 2005 (LIT).
- Johannes Ebert: Die große Chronik-Weltgeschichte: Vom Niedergang

Roms zum Zeitalter der Karolinger. Gütersloh 2008 (Chronik-Verlag).

- Karl-Heinz Ohlig: Der frühe Islam: Eine historisch-kritische Rekonstruktion anhand zeitgenössischer Quellen. Berlin 2014 (Hans Schiler).
- Detlef Wienecke-Janz: Die Chronik der Deutschen. Gütersloh 2007 (Chronik-Verlag).
- Daniel Fischer: Der Ausbruch des Ersten Weltkrieges aus multiperspektivischer Sicht. Zur Rezeption der Kriegsschuldfrage im Kontext von Fritz Fischers Buch ›Griff nach der Wehrmacht‹. Hamburg 2014 (Diplomica).
- Dagmar Klose / Marco Ladewig (Hrsg.): Die Herausbildung moderner Strukturen in Gesellschaft und Staat der Frühen Neuzeit. Potsdam 2010 (Universitätsverlag).
- Valentin Tischler: Menschenbilder und Menschenrechte. Frankfurt a. M. 2010 (Peter Lang).
- Milena Rampoldi: Shajarat ad-Durr, Die erste weibliche Herrscherin im Islam. Berlin 2014 (epubli).
- Stephen Prothero: Die neun Weltreligionen: Was sie eint, was sie trennt. München 2011 (Diederichs).
- Bruno Schirra: ISIS – Der globale Dschihad. Berlin 2015 (Ullstein).

Weiterhin ist lieferbar:

Alexander Nyffenegger

Anders Breivik

und der Kampf gegen

die Islamisierung Europas

Eine Streitschrift

70 Seiten, Paperback € 14,00 [D].

ISBN 978-3-89846-708-7

Alexander Nyffenegger, geb. 1971 in Bern, beschäftigt sich seit vielen Jahren mit dem Islam und dessen Einfluß in Politik und Gesellschaft. Im vorliegenden Buch versucht er am Beispiel des norwegischen Attentäters Anders Breivik aufzuzeigen, wo wir als Gesellschaft mit abendländischen Werten allenfalls gefordert sind, das politische System neu zu überdenken, um die zum Teil durchaus berechtigte Angst vor dem Islam als politisch-gesellschaftliche Ideologie zumindest abzuschwächen oder – im besten Fall – zu verhindern.

Verlag HAAG + HERCHEN GmbH

Schwarzwaldstraße 23 · D-63454 Hanau

Telefon 06181 / 520 670-0 · Telefax 06181 / 520 670-40

verlag@haagundherchen.de · www.haagundherchen.de